貴城けい
Takashiro Kei

宝塚式「美人」養成講座

伝説の
「ブスの25箇条」に学ぶ
「きれい」へのレッスン

講談社

はじめに――「ブスの25箇条」があなたを変える

15歳の春、私は中学卒業と同時に、宝塚音楽学校に入学しました。

一緒に音楽学校の門をくぐった同期生は40名。

2年後の春、宝塚音楽学校を卒業。第78期生として憧《あこが》れの宝塚大劇場の初舞台を踏みました。

ひたすら夢を追いかけながら、舞台人としての毎日を過ごし、あっという間の15年間でした。

2007年2月に宝塚を卒業してからは女優としての活動を始めましたが、同じ芸の世界であっても、私にとっては新しい場所です。

改めて「新社会人」になった気持ちで、気を引き締めての生活が始まりました。

宝塚歌劇団を卒業したいま、宝塚とは、〝いまの私を育ててくれた場所〟そのものだったように思います。

なんといっても、これまでの人生の半分以上、しかも、思春期から大人になるまでの、ほんとうに重要な時期を過ごした場所です。

世界でも珍しい、女性だけの劇団であり、「花・月・雪・星・宙《そら》」の5組、そして特定の組に属さない「専科」の生徒（宝塚は団員のことをこう呼びます）のほか、養成機関でもある「宝塚音楽学校」も含めると、所属する人数は500人ほどになります。

500人が、それぞれに芸を磨き、競い合う場所。

そこには、1913年に小林一三《こばやしいちぞう》先生が歌劇団を創立されたときからのモットー「清く、正しく、美しく」を21世紀のいまに伝える、厳しくも温かい教えの数々がありました。

ところで、みなさんは日常、こんな場面に出合うことがありませんか。

私は、このような人たちを見ると、違和感を覚えます。

身なりもしっかりとした大人の女性が電車の中で化粧をしている。

道で肩と肩がぶつかっても謝らない。

電車で、人生の先輩である老人に席をゆずらない。

共有の場所をきれいに使えない……。

そんなシーンに遭遇するたび、何か落ち着かなさを覚えます。

「人前で化粧をしない」「人とはぶつからないように歩く。ぶつかってしまったら謝る」「先輩を敬《うやま》う」「すべての場所を清潔に使う」などということは、誰もが守るべきマナーだと思うのです。


その一方で、たとえば落ちている空き缶をさっと拾って、ゴミ箱に入れる方もいらっしゃるでしょう。

しかし残念なことに、そんなあたりまえだと思っているマナーが、だんだんあたりまえではなくなりつつあるのかもしれません。

マナーというものは、日々の積み重ねによって身につくものだと思います。ふだんしていないことは、ここぞというときに自然にできるものではないと思っています。

どんなに美しく品よく振《ふ》る舞《ま》おうとしても、日々の生活をいい加減にしていると、いざというときや咄嗟《とっさ》のときには、ふだんのボロが出てしまう……。そういうものではないでしょうか。

みなさんは、あたりまえに守るべきマナーはどういうものだとお考えになられますか？

私が育った宝塚、中でも「宝塚音楽学校」では、マナーの悪さはいっさい許されませんでした。

〝マナー〟というレベルを超越した「決まりごと」が、音楽学校に入学して1年目の「予科生」には数限りなく課せられ、うっかり忘れたり、まちがえてしまうと、もう一大事！　先輩である「本科生」から〝ご注意〟を受けるのです。

時代の流れとともに音楽学校の決まりごともだいぶ変わってきており、現在では廃止されたものもあるようですが、私が予科生だったころに守らなければならなかった決まりごとには、たとえば次のようなものがありました。

・学校の先生、本科生はもちろんのこと、歌劇団関係者に会ったら必ずあいさつをする
・学校の廊下は端を1列になって歩く。角は直角に曲がる
・登下校は2列縦隊に整列して行う
・ドアの開閉は基本的に予科生が行う（本科生がドアの方向に歩いていったら、走っていって予科生が開ける）

これは、ほんの一部です。

いかがですか？　厳しすぎるというより、なぜここまできっちりと決められているのか、疑問に思われる方もいらっしゃるかもしれません。

実際、私が予科生だったときも、なんのために守っているか理解して行動していたというよりは、とにかく「守らないと〝ご注意〟を受けるから、している」というのが正直なところでした。

それでも、〝守るのがあたりまえ〟という世界にいると、意味もわからず守っていた決まりごとが、やがて自分の身体と心に刻み込まれていくものです。

判断力や価値観というものが形成される思春期に、このような厳しい教えが自分のスタンダードとして刻み込まれたことは、私の幸運のひとつです。

人というのは、自分では気がつかないうちに、案外いろんなところを見られているものです。だからこそ、咄嗟のときの反応で、その人となりを判断されてしまうことも多いと思います。

先ほどの、落ちている空き缶を拾える人というのは、きっと意識的ではなく条件反射的にやっていたのでしょう。

身体に刻まれた「躾《しつけ》ある行為」というのは、見ていてとても自然です。そして、できる人が確実に減っているいまの世の中では、どんどん際立《きわだ》ち、美しく光って見えるのだと思います。

「清く、正しく、美しく」をモットーに、舞台人としての基本と女性としての教養を学ぶ。

音楽学校の学校案内などには、必ずこの一文を目にします。

なぜ、バレエや声楽や日舞などの技術を磨くだけの学校ではないのか。「女性としての教養」とは何か。

どうして「清く、正しく、美しく」なのか。

予科生のころ、もう、何がなんだか、わけもわからず従っていた「決まりごと」、ひとつひとつに込められた、そのほんとうの意味を身にしみて実感したのは、歌劇団に入ってから、それも、もう何年もたったころのことでした。

たくさんの決まりごとは、短い期間で〝「清く、正しく、美しく」のモットーに恥じぬ、美しく輝く舞台人になる条件〟であったと感じるのです。

と、なんだかえらそうなことを書いてしまいましたが、かくいう私も、仕事に追われどんどん過ぎていく日々や、日常生活の中で、そんな心構えをつい、忘れてしまうことがあります。

「あ、しまった！」と思うとき、いつも思い出すのが……。

今回、サブタイトルにもなっている「ブスの25箇条」です。

この「25箇条」、〝とある時期〟から、宝塚歌劇団の〝とある場所〟に貼り出されていたものです。

誰が書いたのか、いつから貼られていたのか、誰に聞いてみてもわかりません。でも、誰もがその貼り紙の前で足を止め、見入ってしまうものでした。

「こんなことをしたらブスになる」という25の項目は、「清く、正しく、美しく」の教えに反するだけでなく、社会人たる〝大人の女性〟なら、やるべきではないことばかりです。

ですが、私も含め誰もが、ときにはついつい、あてはまってしまいそうなものばかりです。

きっとこれを書いた人も、自分を律する気持ちを文字にすることで、「してはならない」「しては恥ずかしい」という思いを強く持とうとしたのかもしれません。

たとえ、どんなに外見が美しい人でも、「笑顔がない」「お礼を言わない」はもちろん、「責任転嫁がうまい」「存在自体が周囲を暗くする」では、存在ブスになってしまいます。

美しい人とは「素直で明るい人」「人のことを悪く言わない人」「いつも笑顔の印象の人」「謙虚な人」「まわりの人を幸せな気分にする人」など……。美しい人になるための要素はたくさんあります。

せっかく女性に生まれた私たち、まわりから「ブス」だと思われるより、「美しい人」と思われたい。これは、私も含め、誰もが共通して願う気持ちのはずです。

そこで、この本では、ブスにならないためのシグナルである25箇条をひとつひとつ考えながら、「宝塚式・自分磨きの方法」を、私、貴城《たかしろ》けいというフィルターを通してお届けしたいと思います。

自分をよりよく変える最初の一歩は、案外、身近なところにあるものです。

この本の中にある何かひとつでも、読者の方のヒントになるならば、これ以上うれしいことはありません。

私もみなさんと一緒に、美しい人になれるよう、まだまだがんばらなければ……。

貴城けい

宝塚式「美人」養成講座

目次

第1章　美人の基本は笑顔です

第2章　自分がわかれば美人に近づきます

第3章　美人は人のせいにしません

第4章　一緒にいると幸せになる、それが美人です

第5章　強い想いが美人をつくります

宝塚式「美人」養成講座

——伝説の「ブスの25箇条」に学ぶ「きれい」へのレッスン

第1章　美人の基本は笑顔です

ブスの25箇条

1 笑顔がない

宝塚音楽学校とは歌劇団の養成機関であり、ここを卒業した者しか、歌劇団に入団することはできません。

入学資格は中学校卒業の満15歳から、高校卒業の満18歳まで。学校は2年制で、1年生は「予科生」、2年生は「本科生」と呼ばれます。

予科生には、学校の伝統となっている掃除のほか、現在ではだいぶ状況が変わってきているようですが、生徒が代々自主的につくり守ってきた、それはそれは厳しい決まりごとが、私が音楽学校生だった時代には山のようにありました。

授業は月曜から土曜の朝9時から夕方の5時まで、バレエ、声楽、日舞、演劇、タップ、茶道、ピアノ、琴、三味線などがしっかり行われ、あの華やかな舞台からはちょっと想像しにくいような、地味で地道な修業の２年間を送ります。

そして、２年が過ぎた春３月。音楽学校卒業式が午前中に終わると、午後からは歌劇団で入団式です。

ここからは、本名から芸名（本科生の夏休みの宿題で、休み明けに提出します）で呼ばれるようになります。ついに、初舞台！　私もタカラジェンヌ！　という喜びで胸がいっぱいになります。

ところが、喜んでばかりもいられない「現実」が、そこには待っています。

私が初舞台を踏んだのは１９９２年、『この恋は雲の涯《はて》まで』という公演でした。

初舞台生の最初の役は、毎公演の開演前の口上（初舞台のごあいさつを述べ、団歌を歌います）と、フィナーレのラインダンスです。このふたつは、毎年、春の宝塚大劇場公演の恒例となっています。

お稽古は、音楽学校の卒業式の前から始まっていますが、いくら2年間の厳しいレッスンを続けてきたとはいえ、そこはまだ、プロとしてデビューする前の「ヒヨコ」たちです。

約3分間の出番であるラインダンスのお稽古は、連日約6〜7時間にもおよびました。学校の授業とはちがう、初めての、お客様に見ていただくためのお稽古の厳しさには、また格別のものがあり、中には肉離れなどで脚を痛めてしまう人もいました。

けれど、舞台はお客様あってのものです。チケットを買い、大切な時間を割いて劇場に足を運んでいただくのですから、常に感謝の気持ちを持って笑顔でお迎えするのがあたりまえです。

初舞台の当時はもう無我夢中でしたが、自分が上級生になるにつれ、このことを強く実感するようになりました。というのも、実際に私が観客として観ていると、演技やダンスそのものだけでなく、表情にも視線がいくからです。

そして、笑顔がないと「あの子、どうして不機嫌そうなんだろう」「元気なかったよね」「具合が悪いのかな」など、本人の〝がんばり〟はどうあれ、幕が下りたあと、悪い印象が残ってしまいます。

私たちにとっては毎日行っている公演でも、お客様にとっては、もしかしたら「一生に一度の宝塚観劇」であった、ということも少なくないはずです（もちろん、何度も観に来ていただければうれしいのですが……）。

演じる側に「今日は調子が悪いから」「昨日、イヤなことがあったから」という〝個人の都合〟があったとしても、それがお客様に伝わってしまったら、夢を売る舞台人としても、お金をいただく社会人としても失格です。

どんなに疲れていても、わざわざ劇場まで観に来てくださったお客様に心からの感謝を込めて、最高の笑顔でお迎えする。そして、笑顔で劇場を後にしていただく。

それがタカラジェンヌとして、最初に要求される心構えだと思います。

気持ちを込めた表情でなければ、たとえ舞台で演じてつくった笑顔をしても、きっと美しくは見えないと思うのです。

こういったことは、人生でも同じではないでしょうか。会社や家庭、友人関係……、どんなときにもそこに人が介在する限り、通じることだと思います。

楽しいときに笑顔になるのは当然ですが、イヤなことがあったり、自分のコンディションが悪いときに笑顔でいることは難しいものです。

でも、そういうときこそ、笑顔を保つ。そうすることで、自分を取り巻く状況はいい方向へ進んでいくのかもしれません。

たとえば、マクドナルドのメニューボードに「スマイル　0円」と書かれているのを見かけたことがある方も、大勢いらっしゃると思います。スマイルは特別オーダーされなくてもお客様にさしあげるべきもの、ということだと思われますが、そのくらい笑顔は大切なもので、また基本中の基本ということでしょう。

舞台も人生も、決してひとりで演じることはできません。どんな人も、必ず誰かと支えあって生きています。

だからこそ、自分の個人的な感情を周囲の人に伝染させてはいけないと思うのです。それは、大人であれば最低限守るべきルールと私は考えています。

私はよく「かしちゃん（私の愛称です。〝かしげ〟ともいいます）は、いつも笑ってるね。一緒にいると元気になる」と言われます。

私も、３６５日ずっと笑顔で過ごせているわけではないのですが、できるだけ笑顔でいたいと常に心がけています。

そう毎日思っていると、自然と笑顔が身につき、少しつらいことがあっても人に伝わってしまうことが減っているようです。笑顔でいることで、つらいことも薄れていくような気がします。

ですが、誰しもつらいことがあったり、人前でそんなに単純に笑顔になれないときもあるものです。

そんなときは、無理にでも笑顔をつくってみる。それでもいいと思います。

笑顔は伝染します。自分の笑顔が誰かに伝染し、自分を助けてくれるかもしれません。

そして自分の笑顔が誰かを元気づける。まわりからも笑顔を伝染してもらい、いい刺激を受ける。

「笑う門《かど》には福来たる」といいます。

もしも、最近楽しいことがない、笑顔が足りないなと思ったら、笑顔でいっぱいの人の近くに行ってみてはいかがでしょう。

どうしても元気が出ない、笑顔になれないときは、誰かのパワーを分けてもらうというのも、笑顔になるいい方法かもしれません。

笑顔には不思議な力があると思います。

ブスの25箇条

2

お礼を言わない

「ありがとう」は人の心を和《なご》ませる、ハッピーな言葉です。ありがとう、と言うときには相手の優しさをもらっている、幸せな瞬間ですよね。

たとえば、私のために大切な時間を使ってお手紙を書いてくださるファンの方々。ほんとうにありがたいものです。

ファンの方々や、友人たちからプレゼントをいただくことがありますが、私のためを思ってプレゼントを選んでくれた、その時間を考えると、うれしいと思うと同時に

いつも持ち歩いているカード。お礼状はもちろん、お祝いや記念日のカードも思いついたときにすぐに書けるようにしています

「ありがとう」という言葉が自然とあふれてきます。

この言葉は、たくさんの幸せを表している大切な言葉のひとつです。

「ありがとう」というお礼の言葉もあいさつのうちのひとつですが、宝塚音楽学校で、まず初めに覚えるのが、この「あいさつ」です。

大きな声ではっきりと、相手を見つけたら、自分から進んで先に（ここがポイントです）声をかけることが基本です。

これだけ聞くと、特に宝塚ではなくても、どこの世界でもふつうに言われることかもしれません。

ですが、その徹底ぶりは半端ではありません。

出会った先生や本科生、歌劇団の先輩、演出家の先生、学校を訪れるお客様にはもちろん、歌劇団の親会社が阪急電鉄ですので、阪急電車に向かっておじぎをするのが決まりでした（このあたりは、私が予科生だったころと現在では少し変わってきているようです。ちなみに、乗るときはいちばん後ろの車両しか乗ることができない決まりになっていました）。

朝から午後3時までは「おはようございます」、それ以降は「お疲れさまでした」を使い分けながら、毎日、朝から晩まで必死におじぎをしていたことを思い出します。

とにかく、しそこなったらあとで〝ご注意〟を受けますので、金髪（歌劇団の人は舞台用に髪の毛を染めていることが多いので）や背の高い人が目の端に入ったとたん、「おはようございます！」と深々とおじぎしてあいさつ。

……してみたところ、顔を上げてみたら歌劇団の先輩ではなく外国の方だった、なんていうことも日常茶飯事でした。

さらに、外を歩くときも複数の場合は2列縦隊、しかも道の端を歩くという決まりだったため、先頭にいる子がはるか遠くに歌劇団生らしき人を見つけてあいさつをすると、その場にいる全員がいっせいに「お疲れさまでした！」と大合唱。たまに人ちがいをすることもあったりして、ちょっと恥ずかしい思いもしたものです。

ですが、人ちがいでもあいさつすることは悪いことではありませんし、いまになればいい思い出です。

このあいさつの習慣は、歌劇団に入ると〝あたりまえ〟になります。

劇団に入れば、下級生であればあるほど、劇団内で率先して自分からあいさつをする人がたくさんいることになります。

たまに、悪気はなく、考えごとをしていたり、気がつかなかったりして、あいさつをし忘れてしまう人もいます。でも、劇団内では〝あたりまえ〟のことなので、ひとつひとつご注意は受けなくなりますが、度がすぎればやはりご注意を受けます。

でも、考え方を変えてみると、あいさつがないことを注意してくれる人がいるということは、とてもありがたいことです。

もし、これが一般社会であったら、きちんとあいさつができない人のところへは仕事のオファーも来ないでしょうし、単に「失礼な人だ」で終わってしまうかもしれません。

ある意味、自分の足りない部分を指摘してもらえることは、ほんとうに幸せなことです。それを受け止め自分自身で直していけば、確実に昨日とはちがう自分になれます。

私は、もし宝塚に入っていなかったら、ここまであいさつについて深く考えることもなかったかもしれません。

当時15歳だった私には、とにかく本科生にご注意を受けずに過ごしたい一心からのあいさつでした。それでも、くり返しくり返し身体と心に叩き込まれたおかげで、こうして宝塚を卒業したいまでも、大きな武器になっていると感じます。

私はいまでも、「おはようございます」「お疲れさまでした」は、できる限り相手よりも先に言いたくなってしまいます。

さらに、エレベーターで先に降りるときには「お先です」か「お先に失礼します」と必ず言ってしまいますし、あとから乗ってきた人に「何階ですか？」とつい聞いてしまいます。

こうした一連のことは宝塚時代からの習慣なので、やりすぎかな、と思うこともありますが、やらないと気持ちが悪いのです。

あいさつはコミュニケーションの基本。だからこそ上手に使うと、人生を円滑に、楽しく生きるための武器になります。

あいさつがきちんとできる人であるだけで、どんな世界でも、相手がどのような人でも、物怖《ものお》じせずに、自分らしくがんばれる自信が持てるようになると思います。

それとは逆にあいさつができないと、その人がどんなに優しい心を持っていたとしても、なかなか相手には伝わりづらくなってしまいます。

日本人は感情を言葉にするのがあまり上手ではないと言われていますが、感情を素直に言葉にすることで、まわりの空気をさらに明るくすることができるのではないでしょうか。

相手に喜ばれる感謝の気持ちやうれしい気持ちは、言葉に変えて伝えてみる。

私は、一日に一回でも多く使いたいと思い、小さなことでも「ありがとう」と言えればいいな、と思っています。

ファンの方からいただくお手紙は何よりの励みです

みなさんも私と一緒に、一日に何回「ありがとう」という言葉を使ったか、数えてみませんか。

言葉に出した回数が多くなればなるほど、美しくなっていけるように思います。

ブスの25箇条

3

おいしいと言わない

「ありがとう」と同じように、「おいしい」も感謝を表す大切な言葉です。

私は「おいしい」ものを食べたときに「とてもおいしかったです」と自分の気持ちを、お料理を作ってくれた方に伝えるようにしています。

「おいしい」という言葉は、料理を作ってくれた人への感謝や、一緒に食事をしている人と喜びを共有するうれしさも表現しています。

そして、「おいしい」に限らず、「美しい」、それこそ

成城風月堂のミルフィーユ。両親や姉ともよく食べた、小さいころからの忘れられない想い出の味です

「悲しい」でも〝感じる〟ことのできる力、それは感性の瑞々《みずみず》しさではないかと思います。

自分自身を取り巻く、さまざまな出来事に興味を持って、感情を自分の言葉でプラスに表現することは、大人の女性として、とても素敵なことです。

さて、この項目では「おいしいと言わない」とありますが、もちろん、おいしくないものを無理に「おいしい」と言うということではありません。

ですが、自分はあまり好きではなかったとしても、まわりには「おいしい」と思っている人もいるかもしれません。

そのようなとき、もし意見を求められたなら、正直に、でも嫌味《いやみ》にならないように、自分の気持ちを表現することが大切だと思うのです。

たとえば「私には少し塩味が強いかな」程度でよいと思います。

場の状況をプラスの方向へ持っていけることも、美人に近づくプロセスのひとつではないでしょうか。

相手に自分の気持ちを伝えるとき、いちばんわかりやすいのが、やはり言葉にすることだと思います。

特にプラスの気持ちは、伝えられた相手もうれしいはずです。「おいしい」「ありがとう」「ごめんなさい」という言葉は、すっと口をついて言えるようになりたい美しい言葉です。自分の感情を素直に表現すると、まわりの人にも自分のことを理解してもらいやすくなるのではないでしょうか。

そして、言葉は伝えるタイミングも大切です。これも、予科生時代の経験がいまに生きています。

とにかく、少しでも本科生に〝ごあいさつ〟をするのが遅れたり、逃してしまうと失礼になるので、人の気配や場の雰囲気を読むことにかけては、常に神経を配るクセが身につきました。

これは、劇団に入ってからのことですが、稽古場にいた上級生に伝えなければならないことがあり、話しかけようとしたとき、何か用事をされているようなので、いったん自分のロッカーへ荷物を置きに行ったことがありました。そして戻ってみると、もう帰られたあとだったのです。

そんなときは、きまって「なんであのとき声をかけなかったんだろう」「もう少し待てばよかった」など、頭の中をぐるぐると後悔が渦巻《うずま》きます。

タイミングは、一瞬のもの。

ですから、周囲の状況をよく見ながら、その瞬間を逃さないことも大切です。

気持ちは言葉にして伝える。そして伝えるタイミングを逃さない。

このふたつを頭に置いて、「おいしい」とか「美しい」など感じることのできる心の柔軟さや、瑞々しさを失わずにいたいと思います。

ブスの25箇条

4

目が輝いていない

「目は口ほどにものを言う」と、よく言われています。

いま流行のメイクアップでも、ロングボリュームマスカラ、まつ毛のエクステンション、つけまつ毛など、目の印象がどれだけ大切なものであるか、みなさんも気づかれていらっしゃると思います。

私も宝塚時代、舞台で目がキラキラ輝いて見えるように、ライトの当たる角度から計算して、客席のどのあたりを見るようにしたら目が輝いて見えるのかを研究していました。

舞台人の必須アイテム、お化粧ブラシ。これは退団公演中に、すでに退団した同期生から贈られたものです。柄に私の名前を入れてくれました

また、『ベルサイユのばら』のオスカルなど、少女マンガの登場人物は目の中に星がたくさん描かれています。美しい主人公たちの目には星がいっぱいですね。

もちろん、これらは外見的なことですが、物事に対して新しく挑戦する気持ちを持っていたり、夢を持って努力している人は、内面からの輝きが目に表れてくると思うのです。

つまり、目が輝くというのは、人生が輝いているということではないでしょうか。

宝塚在団中、下級生を見ていて、ときどきハッとする瞬間に出合うことがあります。

それは、群舞の何十人の中のひとりに、突然輝き出す子を見つけたときです。

私もそうでしたが、いままではセリフらしいセリフもなかった子が、抜擢《ばってき》されて「役」がつくと、最初はうれしさでいっぱいになります。

でも、すぐにそれを軽く越えるほどの、大きな大きな不安が襲ってきます。

それでも、それを乗り越えるのが、抜擢された生徒の役目です。

しっかりこの「役」をやり遂げようという覚悟を決めたときに、目に力が宿《やど》ったかのようにイキイキと輝き出します。

すると、誰に言われたのでもなく、自然と立ち居振《ふ》る舞《ま》いまで変わってきて、だんだんとその「役」にふさわしくなっていくから不思議です。

同時に、この役を演じたいと思っている、ほかの人の分までがんばらねばならないという、責任も感じるのでしょう。

よく「立場が人をつくる」と言いますが、それは会社の中だけではなく、舞台人でも同じです。「責任感」が変える、と言ってもいいかもしれません。

でも、「輝く」ということは誰かが見て感じることで、本人が自分でわかることではないかもしれません。

自分に与えられた立場によって責任感が生まれ、果たすべき責任、課題というハードルを越えたときに手にする、何ものにも代えがたい達成感。

この達成感ほど、人を充実感で満たし、さらに成長させてくれるものはないと思うのです。

宝塚にいたときは、まさに毎日がそんなハードルとの闘いでした。越えても越えても立ちはだかるハードルの数。でも、時間だけは無常にもどんどん過ぎていきます。だから、その越え方に自分では納得がいかなかったことも何度かありました。

舞台もそうですが、人生も、いつも必ず理想の結果が出せるわけではありません。

だからこそ、大切なのは「越えたこと」ではなく、「何とかいい状態で越えようと努力する過程」にあると思うのです。

その姿勢が、チャンスをその一度きりで終わらせず、次にはもっと大きなチャンスへと、ステップアップさせていくのではないでしょうか。

どんな仕事に就いていたとしても、これは同じことだと思います。

責任や、越えるべきハードルの高さも種類も、人によってさまざまです。

また、舞台の世界でも常に自分が演じてみたい役がいただけるわけではないのと同じように、挑戦したいハードルに出合うチャンスがなかなか訪れなかったり、希望をしていないことに立ち向かわなくてはならないこともあるでしょう。

でも大切なのは、どんなハードルでも、ハードルに出合ったときに、越えるために努力をしたという事実と経験なのです。

どんなにそれが苦しくても、なんとか越えようとする気持ちを持つということ。

自分の心をかたむけるものがあるとき、人は「輝く」のではないでしょうか。

潔くやるべきことを受け入れ、立ち向かっていく姿勢があれば、いつからだって人は輝くことができるはずです。

しかし日常生活は、「ふつうの日」の連続です。やりたいことや、はっきりした目標が、いまは特にない、と思っている方も多いと思います。

ですが、この〝なんでもないふつうの日〟がこれからの自分をつくっていく大切な日かもしれません。

やりたいこと、目標があるときは、ちょっとイヤなことでも、まだがんばることができますが、なんでもないときにこそ、自分の気持ちをいかにもっていけるか。そんなとき、私が心がけているのは「一日一日をきちんと過ごそう」ということです。

たとえば、自分であえて目標をつくることもいいかもしれません。

「あの人は物知りだなあ」と感心するなら、「私も月に1冊本を読もう」くらいの、初めは実現可能な目標などを続けていけば、確実に自分の意識が変わるはずです。

次はもうちょっと高い目標を見つけてみよう、また達成できたから次は……というふうに、目を向けるものが少しずつ、いままでより高いレベルに変わっていく。

この、少しずつレベルが上がるというのが、モチベーションを高

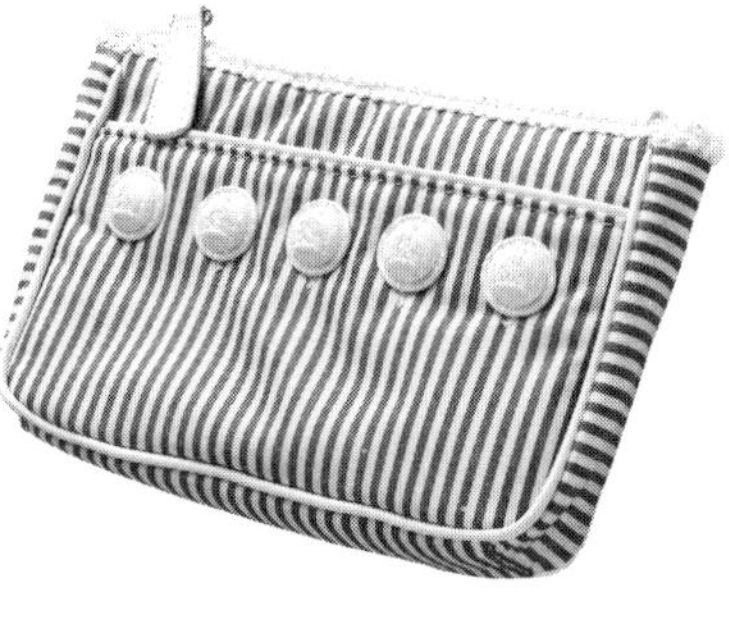

最近持ち歩いているお化粧ポーチ。中には口紅やパウダーなどのお化粧直しセットのほか、ボールペンやのど飴、絶対に欠かせないミントのタブレットも入れています

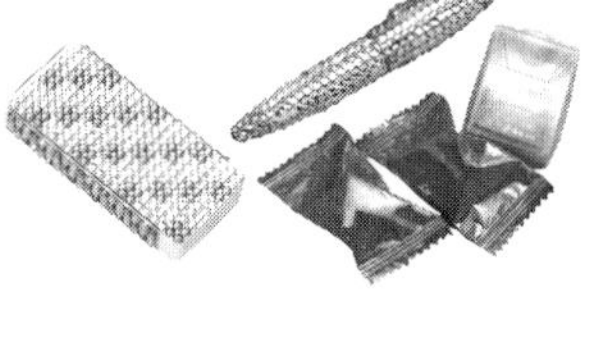

め、積み重ねた達成感と、やってきた努力と経験が、きっと自分を輝かせるはずです。

最初の一歩は小さくても、日々達成感を積み重ねていくことで、輝く自分を手に入れることができるでしょう。

ブスの25箇条
5

精気がない

東洋医学で「気」というのは、人に宿る目に見えないエネルギーのことを指すそうです。

思えば、日本語には「気」が含まれた表現がいっぱいあります。精気、元気、やる気、気力、気合、覇気《はき》……。

ぱっと思いつくだけでも、これだけありますが、どれも少ない状態がマイナスになります。

舞台に立っていると、この「気」にあたるようなものを感じることがあります。

おそらく、出演者とお客様と、その空間にいるみんなの気持ちがひとつになった瞬間、なんとも言えない一体感のような力が生まれるのではないでしょうか。


よいときがあれば必ず悪いときがあるもので、いつも精気に満ちて元気いっぱいとはいかないのが人間です。

私自身も「今日は何かダメだな」というときがあります。そんなときは、いったん「カラ元気」を出してみます。それでも、やはり元気になれず、余計に疲れてしまったりするのですが、「ああ、私がんばりすぎてる。無理してるなあ」と、そんなことをした自分がなんだかかわいく思えて、「これも私だ」とダメな自分を受け入れることができます。

ダメな自分を受け入れることができれば、少し気持ちも楽になり、どん底からはい上がっていけます。

そうすると、「あとはなるようになる」とだんだん思うようになり、プラスまでもっていくことはできなくても、割と早くフラットな状態に戻れる気がします。

ですが、これはなるべく自分ひとりのときだけにします。何日間も暗い顔をしていたり、あきらかに精気がないと周囲に悟《さと》られてしまっては、大人の女性として少し技量不足になってしまうと思うからです。

ちなみに、私はこれまで一度も舞台を休演したことがありません。このことは、いまでも私の自信になっています。

あるとき、ショーで踊っていると、高熱のせいで、顔は笑っているのになぜかスーッと涙が出てきたことがありました。また、あるときは捻挫《ねんざ》で、片足が自分の足とは思えないぐらいに腫《は》れてしまい、片方だけ大きな靴を履いて、痛み止めを飲みながら舞台に立ったこともありました（もちろん、常にベストコンディションでいなければならないというのは舞台人としての基本なのですが……）。

出られる限りは何としても出たい。コンディションの管理は自分の責任であって、お客様には関係のないことです。わざわざ、遠くから劇場に足を運んで観に来てくださる方がいると思うだけで、熱も痛みも気合で乗り切ることができます。

そこまで深刻な状態でなくても、今日は集中力が足りないな、とか、どうもダメだなと思うときほど、自分が外から見える状態をすごく意識しています。一緒に舞台に立つ仲間にもですが、お客様にはぜったいにわからないようにしなくては、と。

まず背筋をシャンと伸ばし、少しアゴを上げてみると、それだけで精気が戻ってくると感じます。自分の体調が思うようにコントロールできなかったら、せめて心だけでもこうして整えたいと思うのです。

余談ですが、以前、ショーのとある場面で、海底から上がってきた亡霊の役を演じることがありました。そこで、わざと精気のない雰囲気を出すために「死んだ魚の目」を想像したことがあります。

もちろんイメージ上での話ですが、実際に魚屋さんやスーパーの鮮魚売り場に行って、たくさんの魚の目を見て研究しました。これが案外好評（？）で、そのあと激しく踊るシーンとのメリハリにもつながりました。

私の場合は舞台の役のための研究でしたが、こうやって「精気がない」状態を客観的に見て、反面教師にするのもひとつの方法かもしれません。

私は、宝塚時代最後の数年間は、特に全速力で走り続けていました。

卒業後、思い切って休養を取ろう！　と、少し長い旅行に行きました。

宝塚を卒業してすぐに旅行したハワイにて。隣は元雪組の上級生、悠《ゆう》なお輝《き》さん

そこで心も身体もリフレッシュして、気持ちを新たに次へ進むことができました。

がんばり続けることもすばらしいことですが、ときには少し休憩することも、大切なことです。

うまく時間を見つけて休息を取り、エネルギーを充電することでいつもイキイキと走り続けられればと思っています。

ブスの25箇条

6

いつも口がへの字の形をしている

私が歌劇団にいるときに読んだ雑誌に、「顔は脳がつくる」という、気になる見出しが出ていました。

それによると、顔の表情筋と脳がつながっていて、その人の精神状態によって顔のシワができるのだそうです。

さらに、悲しみや不安を抱いていると顔の筋肉は垂れ下がり、悩みがあると眉間にシワが刻まれ、不満や不平を抱えていると口角がってしまうそうです。

その記事を目にしたのは、いろいろな仕事が重なって、とてつもなくハードな時期でした。

毎日の仕事をこなすのでいっぱいいっぱい、そんなときにこの記事。思わず、鏡で自分の顔をチェックしてしまった私でした（大丈夫だったので、思わずホッ……）。

タカラジェンヌにとって、やはり笑顔は命です。ダンスや歌の技術レベルが高いことはもちろんのこと、笑顔が魅力的であることは、自分を次の舞台へとつなげていく生命線のひとつです。

そして、笑顔のポイントのひとつが、やはり口元です。

宝塚の振り付けの先生に、目元は大きく開いて、口元は口角をきゅっと上げる練習をしなさいと言われたことがありました。

口角が上がっているとイキイキと若々しく見えますが、口角が下がっていると、元気もなく、疲れた印象に見えてしまうので、やはり損をしてしまいます。

笑顔は百難隠すものです。

そこで、ふだんから口角をきりっと上げながら笑顔をつくる練習をします。鏡に向かって、何度も何度も笑顔をつくり、自分がいちばん魅力的に見える表情や角度を自分の表情筋に刻み込むのです。

最初は指を使って口角を持ち上げてもいいでしょう。毎日続けていけば、数週間で口元の印象はガラリと変わるはずです。


つらいときや病気のときに、無理にでも笑顔をつくったり、大笑いをしていると、脳が幸せな状況にあると勘ちがいするそうです。その結果、免疫力が上がって、病気の治りがよくなる方もいるそうですし、不思議と気持ちが和《やわ》らいできたりするものです。

ちなみに、先ほどの雑誌の記事には「悲しいことが続いても、笑顔をつくり続けていると、そのうち脳が勘ちがいして、前向きな気持ちになれる」ともありました。

これは最高のテクニックかもしれません。

健康管理も社会人の仕事。黒酢ドリンクや青汁を毎日飲むようにしています

たとえ、どんなに成功しているように見える人でも、いつも楽しいことばかりが起きているわけではないでしょう。

誰でも、どうしてもやりきれないという思いや、納得できないこと、避けようのない悲しみに直面することがあります。ですが、自分でそれを変えてみる。その手段が笑顔です。

口角の上がった優しい笑顔は、温かい円満な人柄を連想させます。周囲の自分に対する印象も変わってくるでしょう。

初めはカラ元気でも、笑顔をつくり、口角を引き上げていると、心まで元気になれるような気がします。なかなかうまくできなくても、信じてみる価値は大いにあると思います。

そのうちに、マイナスの状態から抜け出すきっかけをつかめるようになるはずです。

何度観ても泣いてしまう、映画『きみに読む物語』。たまには映画で涙を流してスッキリするのもよいものです

『きみに読む物語』
DVD好評発売中　¥1980（税込み）
発売元：アーティストフィルム／ハピネット／スタイルジャム
販売元：ハピネット

映画に出てくるファッションも素敵ですが、上司の無理難題に果敢に立ち向かうヒロインは観ていて痛快！　日々のストレス解消におすすめです

『プラダを着た悪魔 <特別編>』
DVD好評発売中
発売元：20世紀フォックス　ホームエンターテイメント

第2章　自分がわかれば美人に近づきます

ブスの25箇条

7

自信がない

思い切って告白すると、私にとって、宝塚音楽学校での毎日は、〝自信喪失〟の連続でした。そしていまでも、人一倍自信を持てずにいます。

私は、小さいころからずっとテニスを習っていました。小学生のころ、将来はプロの選手になりたい!! と思いながら、アメリカにレッスンに行くなど、年中真っ黒に日焼けして、テニス漬けの毎日でした。

それが、のちに私より1年早く音楽学校に入学した姉（都々城《つづしろ》あい）と一緒に、建て替える前の旧東京宝塚劇場へ、雪組公演『サマルカンドの赤い薔薇《ばら》』を観に行ったことが人生を変えました。中学1年のときだったと思います。

音楽学校の受験資格は中学卒業時からなので、そこに向けて受験科目のバレエや声楽のレッスンを始めるべく、まず何の躊躇《ちゅうちょ》もなく、あんなに打ち込んでいたテニスをすっぱりやめました。そして、意思表明のために長かった髪をばっさりとショートにしました。

こうして臨《のぞ》んだ初受験。試験場でほかの受験生をみると、当然ながら小さいころからバレエを習っていた方がほとんどです。脚が高く上がっている人や、くるくる回転している人を見て「ああ……、これはダメかも」と半ばあきらめていたら、1回の受験でまさかの合格！

しかし、合格した喜びも束の間、入学してからが大変でした。

同期には、3歳ぐらいからバレエを習ってきている人などがたくさんいました。でも、私は1年ちょっとしか習っていない状態で入学したため、授業では途方に暮れる毎日です。

宝塚音楽学校受験生のころ

もちろん、みんながみんな何でもできたわけではないのですが、ほとんどの人がある程度のレベルのことはできていました。

ひとつの授業の90分がとても長く感じられて、バレエではみんなが軽やかに踊っている中で、5分ごとに時計を眺めては「早く終わらないかな、まだ5分しか過ぎてない……」のくり返し。

生徒は全国から入学してきているため、いろいろな土地の方言が飛び交っていて言葉もわからず、しかも同期は年上の人ばかりで、同い年の子がもうひとりいるだけでした。

もう、辞めようかな。私がいるところじゃないのかも。

ですが、その一方で「あんなに憧《あこが》れて、テニスもやめて入ったのに！　ここでくじけてどうする！　何とかしないでどうするの！」と、テニスですっかり負けず嫌いに育ってしまった私が、どんどん出てきます。

そこで、私がまずできることは何か？　と考えました。その結果、一日も

宝塚音楽学校入学式の朝

学校を休まないことを目標にしようと思いました。

宝塚音楽学校を卒業するときに、「優秀賞」や「皆勤賞」などの賞がいただけます。何でもできる、自分より成績のよい人たちばかりがいる中で、技術面では無理でも、何かその人たちと肩を並べることができるものはないかを考えました。

そして、私の出した答えは「皆勤賞なら、休みさえしなければ私でもいただける」。

こう心に決め、卒業時、めでたく皆勤賞をいただくことができました。

人より遅れているなら、まず、人より努力してみる。ない自信を補うために、人の倍、お稽古をする。それが正しいかわかりませんが、私はそう考えています。

自分自身で目標を立てて進んでいくこと。悩んでいることの答えは、突き詰めれば、けっこうシンプルです。

そして、あきらめること、辞めることはいつだってできる、こう思えば、気持ちは強くなりました。ほかの選択肢を用意することで、「絶対にがんばり続けなければならない」という思いに追い詰められずにすんだのです。

選択肢がないと、人は追い詰められてしまうのではないでしょうか。

ですから、私はどんなときも、「辞めることもできる」という選択肢を頭の片隅に置いておきました。きっと、そちらは選ばないけれど、それもあると思うだけで、目の前の問題に立ち向かう勇気に変えることもできましたし、心が軽くなりました。

歌劇団、特に音楽学校では、躾《しつけ》に対しての事細かな決まりがありますが、芸については、上級生を見て学んだり、真似をしていきながら、だんだん、自分流のスタイルを見つけていくというのが基本です。

舞台化粧については、音楽学校卒業前に劇団上級生からお化粧講習を受けますが、その後は基本的に、自分で研究します。

舞台での立ち姿のつくり方や、男役なら燕尾《えんび》服、娘役ならドレス、また着物の着こなしなども、基本的に自分で研究していきます。

私は男役だったので、女性から男役へ性別を超えることが必要でした。ふつうに立っているだけでは「女の子」に見えてしまうので、最初は自分で「素敵だな」と思う俳優が出ている映画を観たりしながら、立ち方や座り方、歩き方など研究していきました。

そうして試行錯誤《しこうさくご》していく中で、「背中が反ってるよ」とか「姿勢悪いよ」など、アドバイスをしていただいたり、逆に誰かにアドバイスしたりもします。

男役だけではありません。宝塚の娘役は、舞台で使うアクセサリーを自分で作る人がほとんどです。お稽古が終わって深夜に帰宅し、衣装のドレスに合わせて自分で考えたカツラのデザインと、それらを見比べて「ここはパールがいいかな、ここはラインストーンかな」と考えながら、手芸屋さんなどで売っているパーツを使って、接着剤やらペンチやらの道具と徹夜で格闘するという、涙ぐましい努力をしているのです。

こうして、タカラジェンヌの中に〝自分のことは自分でする〟という自立心が、自然とできていきます。

自信が持てるかどうかは、きっと、自分がどれだけ何かを一生懸命やったかに懸かっていると思います。

私の場合、自信とまでは言えませんが、自分ができる最大限の努力を幕が開くまでにつくすこと、それしかありませんでした。自分にできる目いっぱいの努力を惜しまずする。それでも、大丈夫ではないかもしれないけれど、最善をつくしたと自分で思うことを自信につなげ、拠《よ》りどころにしていました。

舞台人にとって、「これでいい」ということは決してありません。試行錯誤をくり返しながら、いつも自分に「これでいいのか」と問いかけています。もし自分の気持ちにウソをついたら、自分自身がいちばんわかることです。自分は騙《だま》せません。妥協《だきょう》にならないよう、徹底的に考え抜きます。

とことんやってダメでも、手を抜かなかったという事実は自分の自信につながりますし、「できる限りのことはやった、次はもっとこうしてみよう」

など、素直に前向きになれます。

それに向かってまた努力し、積み重ねていくことで、自信につなげていけるように思います。

また、もし評価をいただけるような結果になれば、大きな自信になります。

最初から自信を持てることなどあまりないと思いますが、課題をおろそかにせず、いかにちゃんと取り組むか、日々積み上げていくかが、結果として自信が持てるかどうかにつながるのではないのでしょうか？

そして、もし評価をいただけても〝自信が過信にならないよう〟、日々気持ちを引き締めながら、謙虚な気持ちを忘れないようにしたいものです。

歌劇団時代にいただいた努力賞のトロフィー。ほかにもたくさんの賞をいただき、励みになりました

ブスの25箇条

8

希望や信念がない

夢は、叶わないから夢だと言う人もいますが、みなさんはどう思われますか。

私は、夢は「ビジョン」だと思っています。

「何々がほしい」「何々になりたい」という希望を、願って待っているだけで誰かが叶えてくれるわけではありません。

願ったことを実現させるために、いま自分が何をしたらよいのか、夢への距離をはかって、そこに辿《たど》り着くまでの道順と歩き方を考える。

こうやって描いた「夢」は、叶えることを前提とした目標です。

私が宝塚に入って、最初の夢は「ダブルトリオに入ること」でした。

ダブルトリオとは、フィナーレの大階段前で、上手と下手にそれぞれ３人ずつ、コーラスを担当する役です。

やりたい、やりたいと密かに心の中で願い続けていた入団２年目の後半、『コートダジュール』という作品で叶ったときは、ほんとうにうれしかったです。

ひとつ叶えば、次の夢が出てきます。次なる夢は、男役なら、やはりこれでしょう。「燕尾服で踊る」こと。

燕尾服で踊るダンスナンバーに選んでもらえるように、ひたすらダンスのお稽古、お稽古です。

タカラジェンヌはよく、取材などで「やはり、夢はトップスターですか？」と聞かれるのですが、決してみんながみんなそればかりではないように思います。

娘役なら「輪っかのドレス（『ベルサイユのばら』などで着る、スカートにワイヤーの入ったゴージャスなドレスです）が着たい」とか、「エトワー

（右ページ写真）2008年９～10月東京グローブ座公演『アプローズ』に備えて聴いているブロードウェイ版CD。1950年のアカデミー賞受賞の名作映画『イヴの総《すべ》て』のミュージカル舞台版です。「アプローズ（喝采）」を切望するがゆえの、舞台人たちの葛藤《かっとう》と夢を追いかけるひたむきな姿が、印象的な音楽の数々にのせてドラマティックに描かれています

ル（フィナーレのソロ）がやりたい」とか、私もそうでしたが、もっと細かく、具体的な夢を持っている人もたくさんいます。

でもこれは、みなさんもそうじゃないかな？　と思います。

たとえば、ミスユニバースになる！　とか、総理大臣になる！　という夢を持っている人より、あのプロジェクトチームに入りたい、あの資格を取りたい、などではありませんか？

夢が叶うというのは、大きな夢も身近な夢も、細かく具体的な夢を積み上げてきた結果、いろんなやりたいことが叶っていた……ということのほうが、多いように感じます。

まずは、私も自分の身の丈くらいの夢を描き、叶えるための要素を並べ、ひとつずつ確実に捉え、自分のものにできるようにしていきます。

その要素を充足したら、少しレベルアップした夢を改めて描くというタイプです。そのようにできているときは、身体は疲れていても、心は安定し、充実しています。

しかし、一生懸命がんばっているのに、右も左も見えなくなり、落ち込むときがあります。そんなときは、自分の希望や信念を声に出してみたり、紙に書いてみたりします。すると、見えなかったものが、明確になるのです。

まわりの人たちの助言もありがたいものですが、最後は自分の意志、判断で方向を決定することにしています。

自分の人生は自分自身のもの、結果が万が一悪くても、誰かにその責任をおしつけることはできません。

華やかなステージで夢を描く宝塚は、厳しい教育の場でした。

しかし、その中で、夢や信念も培われたのです。

規律と独自の環境でありながら、個性を大切に、精神の自由と、生きるための柔軟性をしっかりと伸ばしてくださったことに、ビバ宝塚！　と深く感謝しています。

ブスの25箇条

9

自分がブスであることを知らない

宝塚の公演では、大きな羽根をつけたり、長いカツラをかぶったり、ときには、小道具で、自分の身長より高い棒などを持つこともあります。

その状態で舞台を動き回ることはもちろん、狭い舞台袖を移動したり、早替わりも行います。そのため、自分の身体に衣装や羽根や、小道具がついた状態での「大きさ」、車でいえば、「車両感覚」のようなものを把握《はあく》しておかないと、ぶつかってしまいます。

宝塚はひとつの組が約80人、これに初舞台生40人が加わって120人で公演することもあります。ひとりひとりが、自分とまわりの人との「距離感」をつかめていないと、あっちでもこっちでもぶつかって、衣装が引っかかったり小道具を壊してしまったりするかもしれませんし、だいいち危険です。

こうしたことは、誰かが教えてくれるわけではありません。

わかりやすい例で言えば、トップスターがフィナーレで大きな羽根を背負って出てきますが、舞台袖の移動も舞台上の移動も、なんともたくみな「カニ歩き」です。これも、誰が教えてくれるわけでもなく、下級生のときに上級生を見ていて自然に覚えて真似をしているだけです。

舞台袖での移動は、音楽学校のときの「予科生歩き」の教訓が生きています。あれは、単に目上の人を優先し下級生が端を歩いていたのではなく、忙しい移動を効率よく行うための交通整理なのです。

出番や早替わりなど、その瞬間で優先して通すべき人を先に通すために、邪魔にならないように道をあけてお互いゆずり合うという、実に理にかなった教えだったとあとになって思いました。

「自分がブスであることを知らない」の項目なのに、なぜこんなお話をしたかと言いますと、自分とまわりの人との「距離感」を捉える力を持つことが、〝美しく振《ふ》る舞《ま》う〟ためには、とても大切なことだと思うからです。

たとえば、こんな光景を見たことはありませんか？

喫茶店などでお茶を飲んでいるとき、隣の席の人が立ち上がって、その場でコートを着て埃《ほこり》がたった。

混み合っている電車の中で大きな荷物を持っている人が、自分の荷物が人の迷惑になっていることに気づかず、無頓着《むとんちゃく》である。

どれも、人との「距離感」がつかめていない行為です。

では、「距離感」がつかめていないとは、具体的にはどういうことなのでしょうか。

私は周囲へのちょっとした気遣いをする気持ちを持っているかどうかではないかと思います。もし自分が相手の立場なら、と考えるところから始まると思います。

前述の羽根のお話もそうですが、まわりの邪魔にならないように気を配って動いているうちに、相手との「距離感」を体得したわけです。

どこにいても、何をしていても、自分の動きの中で使うスペースを把握すること、これは、舞台人なら自然と身についてしまう一種の〝クセ〟のようなものです。

道を歩いていて、人が通りやすいようにとか、電車で席をゆずるでもかまいません。客観的に自分を見る力、ちょっとした気遣いが大切だと思います。

自分とまわりの人との「距離感」だけではなく、自分の話に夢中になって、ついつい身振り手振りが大げさになりすぎたり、声が大きくなってしまうこともありがちです。

友達と楽しくおしゃべりをしていると、どんどんテンションが上がって、気がつかないうちに、いつもよりはしゃいでいることは、誰にでもあることです。私も、「あっ」と我に返ったときは、「すみません」と周囲にひと言謝って直すようにしています。

宝塚の教えの多くは、大人数での集団行動において協調性を持って行動する、というところにつながっています。

自分のことをよく知ることは、その第一歩ではないでしょうか。

ブスの25箇条

10 声が小さくイジケている

舞台人にとって、初ゼリフというのは一生忘れられないものだと思います。私の場合は、入団2年目の公演『ブルボンの封印』で、従僕の役でした。たったひと言のセリフでしたが、あの大きな舞台で、ひとりで声を発することは、当時の私にとっては何よりもうれしい出来事でした。

この公演のことは、いまでも細かな情景まではっきりと覚えています。

さて、私の初ゼリフは、パーティー会場のシーンで、たくさん人がいる場面でのものでした。「お食事の用意ができました、どうぞ中庭へ」というセリフです。

お芝居のお稽古が続いていたある日のこと。演出家の先生から、「声が小さい、もっと大きな声で！」と注意されたことがありました。

まだ入団２年目の私には当然、ピンマイクは回ってきません。舞台の前面に何本か立っているガンマイクで声を拾ってもらうわけですが、自分では精いっぱい、これ以上出ないくらいの大声を出しているつもりでも、やはり小さかったのです。

男役ですから低い声を出さなければいけないのですが、それにもなれていませんでしたし、自分では最大限でも全然足りなかったわけです。

その日、お稽古が終わって解散、となった瞬間、所属していた雪組の、当時の組長だった京三紗《きょうみさ》さんから呼び止められました。

京さんの指導で、私は稽古場の窓際《まどぎわ》に立ち、出口のほうに立つ京さんに向かって思い切り、セリフを叫びました。

「お食事の用意ができました！　どうぞ中庭へ!!」

「お食事の２音目、『食』が聞こえない」

「お食事の用意ができました！　どうぞ中庭へ!!」

「語尾が消えるよ」

こんなふうに、私は何度も何度も叫んで、京さんはそのつど、悪いところを全部言ってくださいました。

実を言うと、まだ上級生が稽古場にたくさんいらっしゃる中で、大声を出すのはやっぱりちょっと恥ずかしい。そんな気持ちが最初は声にも表れていたかもしれません。ですが、京さんも長時間のお稽古でお疲れのはずなのに、こうして指導してくださるのがありがたくて、何とかそれに応えなくては、そんな気持ちを込めて叫んでいました。

その翌日、演出家の先生から「よくなったぞ」と褒められたことを覚えています。

この経験は、声の小ささだけでなくて、自分の殻を破るきっかけにもなったように思います。

京さんは、初めてのセリフを前にプレッシャーで萎縮《いしゅく》してしまっている私の心をも、変えようとしてくださったのでしょう。

この経験のおかげで、気持ちを切り替えることができ、自信も持てるようになり、声も大きくなりました。

さて、話は飛びますが、宝塚を退団してちょうど1年たったつい先日、初めて朗読劇に挑戦しました。

舞台上にはマイクと椅子、そして物語を読む私と相手役のふたりだけです。動きはいっさいありません。宝塚の舞台では経験がなかったことです。

物語に自分を投影して、気持ちに沿って語りかけます。初挑戦でしたのでとても難しかったのですが、自分の声について、これほど深く考えてみたこともなかったんじゃないかな、と思うぐらい、研究したお仕事でした。

大きさ、トーン、言葉と言葉の間……、ほんとうにいろんな要素が組み合わさって、言葉の表現というのは成り立っていることを実感しました。

でも、別に舞台人でなくても、声の〝演出〟は大切だと思います。

たとえば、仕事でも、プライベートでも、電話の声は自分で思っている以上に相手にいろんな想像を与えるものです。

特に仕事だと、電話で「はじめまして」ということも多いと思います。顔や表情が見えないぶん、声の表情ひとつで、とても印象が変わります。

電話ではなく、相手と会って話しているときでも、声が小さくて何を言おうとしているのか聞こえなかったら、とてももったいないと思います。

自分は10伝えようとしていても、5しか伝わらないかもしれませんし、下手すると、相手は「10のうち1ぐらいは聞き取れたかな……。でも、聞き直すのも悪いし、ま、いいか……」ということになってしまっているかもしれません。

また、小さくなくても早口すぎれば、聞いているほうも疲れてしまうかもしれません。

そんなふうに思われるのは本意ではないと思います。自分の思いを伝えられていないだけではなく、意思の疎通《そつう》ができていなければ、コミュニケーションが成り立たなくなってしまいます。

やはり、適度に大きな声ではきはきと話せる人のほうが、オープンな印象を受けますし、明るく前向きな感じがします。

もし「私、声が小さめかも」という自覚がちょっとでもあったら、明日から朝のあいさつでも電話の声でも、お試しのつもりで一回、大きな声を出してみませんか？

きっかけづくりに、私みたいに叫べる稽古場があったらいいのかもしれませんが、舞台人でもなければ、なかなかそういう機会はないでしょうから、たとえば、ひとりでカラオケボックスで思いっきり歌をうたってみるのもいいですし、山でも川でも、どこかひと気のないところで大声を出すのも手です。

私、こんなに大きな声が出るんだ！　ということが実感でき、とても気持ちがいいものです。

「いつも声が小さいのに、急に恥ずかしい」なんて思う必要は、まったくないです。

まずは、やってみなければ、始まりません!!

勇気がいるのは、最初だけです。

大きい声を出すことにより、自信が湧《わ》き、発する言葉にも説得力が増すと思います。

ブスの25箇条

11

自分が最も正しいと信じ込んでいる

これまで何度もお話ししてきましたが、宝塚での上下関係は、一般社会の先輩後輩の関係よりも、おそらくずっと厳しいように思います。それは音楽学校、そして歌劇団に入ってからも続きます。

決まりごとや、〝ご注意〟を受けることなど、自分が予科生のときは、本科生に対して理不尽だと思うこともたくさんありました。

どうして注意を受けているのか、なぜやらなければならないのかわからないことがあり、それらのことに対して理解できていなかったからです。

ですが、その本科生も予科生だったころは決まりごとを守ったり、本科生に注意を受けたりという毎日を過ごしてきているので、本科生に対してというより、そのような決まりをつくった学校に対して思っていた節《ふし》もありました。

でも、実際に立場が変わると、昨日まで自分が正しいと思っていたことがまちがっていたと気づくことがあります。

自分が本科生になり、予科生のときに受けていた注意を、同じようにいまの予科生にしているのです。立場が変われば、ものの見え方も変わることをまざまざと感じた瞬間でした。

そんな経験をふまえて、どんなときも、何かに対してひとつの見方に捕《とら》われてしまうのは、選択肢を狭めてしまうことを知りました。

「自分は正しい」と信じ込むのもそのひとつ。物事はすべて多面体です。アプローチの仕方もたくさんあります。

十人十色というように、10人いれば10通りの考え方があり、そのどれもが意見をくださった方の真実であることが多くあります。

自分と異なる意見にも耳を傾けること、また、もしも悪意を感じたとしても聞く耳は持ち、最終的にそれらを総合して自分自身で判断をしていく。いろいろな考え方があるということを受け入れることで、心が柔軟になり精神の若さが生まれてくると思います。

　何かに失敗したとしたら、やり方を変えれば次は成功するかもしれません。それなのに、自分のやり方が正しいと頑《かたく》なになっていたら、次に成功するチャンスを逃すことになってしまいます。

　自分とちがう意見にも耳を傾け「なるほど」と思うことは「自分を否定すること」ではなく、それを受け入れる心の大きさが余裕となって、美人に近づくことができると思います。

第3章　美人は人のせいにしません

ブスの25箇条

12

グチをこぼす

宝塚音楽学校の、たくさんの伝統的な教育の中でも、やはり「いちばん大変だったな」と思い出されるのが、予科生時代の毎朝の掃除です。

掃除、といってもこれは単なる清掃というレベルではなく、隅から隅までとことん磨き上げる「年に一度の大掃除」レベルの徹底したものを、なんと毎日行うのです。それも、毎朝1時間半かけてです。

毎日こんなに掃除をしていたら、いったいどこを磨くの!? と思われるかもしれませんが、これが伝統なのです。

予科生は毎朝7時に自分の持ち場について、いっせいに掃除を始めます。

掃除の割り振りは、各教室だけでなく階段や廊下、トイレ、講堂、玄関などといろいろあり、入学直後に決められた場所を1年間担当します。

ちなみに、私の担当は玄関でした。同期３人で受け持ち、玄関とその周囲以外にも正門や、正門から数十メートル離れた桜橋《さくらばし》までの道路と、範囲が広いだけに大変でした。

ホウキを使って校門前や庭、玄関先などをきれいに掃《は》き清め、道路では苔や雑草も取り除きます。冬の早朝の屋外はとても寒く、いつも凍える思い。バケツの中の汚れた水のほうがまだ温かく、手をつけていたくなるほどでした。

これだけで終わりではありません。お昼休みや放課後も、自分の持ち場が汚れていないか、ゴミはないかを点検します。

タカラジェンヌの予科生時代といえば、誰もがまず掃除の思い出を語るぐらいに、みんな神経をピンと張り詰めながら、毎日過ごしていました。

そんなある朝のこと。私が担当する桜橋のたもとに、何か黒っぽいものが落ちていました。さっき掃除をしたときには何もなかったはずなのに、終了したと思って最後の点検をしていたとき、見つかったのです。

橋の向こうからは、本科生の姿が。私が走り出そうと思った瞬間、一緒に担当していた同期のひとりがいち早くダッシュ。あっという間にそれを拾い上げ、何事もなかったかのように戻ってきました。

本科生が通り過ぎたあと、「さっきの何だったの？」と聞くと、「犬のフン」との答えが！

あのとき、手づかみに躊躇《ちゅうちょ》するという選択肢は、予科生ならばないのです。もちろん、私が先に見つけていたら、やはり同じような行動をとっていたと思います。

掃除場所に落ちているものは、それが何であろうと拾う。これは、予科生として当然の発想なのです。

予科生時代、毎朝お掃除した桜橋。右手奥に見えるのが旧音楽学校校舎。蔦《つた》のからまるこの学舎《まなびや》が、私の原点です

こんなこともありましたが、私は桜橋が大好きでした。

玄関掃除は外を担当するので冬は寒いですし、夏は虫がいっぱい飛んでいて大変でしたが、桜橋を掃除しているときに、毎朝散歩をしているおじいさんや犬の散歩をしている人から「ご苦労さま」「今日は寒いね」と声をかけていただけるのが、とてもうれしかったです。

私たちは学校教育の一環で掃除をしているのに、優しい言葉をかけていただけて、得をした気分でした。

こんな、ちょっとした人との触れ合いが、当時の私にとって毎朝の楽しみのひとつでした。だから、桜橋がきれいであることは、私たちの誇りでもありました。

さらに、ほかの同期の担当場所も、たとえばお手洗いの場合は、すべての場所をアルコールで拭き、タイルのすき間ひとつひとつを綿棒と絵筆で磨き上げます。教室のピアノには指紋ひとつなく、床のホコリはガムテープで取り、ドアノブも顔が映るくらいピカピカに磨きます。

校舎のどこもかしこも、ほんとうにチリひとつない状態でした。

ふつうに生活をしている方から見れば、ちょっと異常でしょうか。

でも、これほどまでに神経を遣い、掃除をするのはなぜなのか、みなさんはわかりますか？

それは、自分が学ぶ校舎に磨きをかけることが、自分を磨くことになるからです。

それに、私がいた当時の校舎は古かったため、きれいに使わないと老朽化が進んでしまいますし、いままで先輩方が守ってきたものを自分たちの世代で汚すことはあってはいけない、次の世代にきちんと受け継ごうという思いもありました。


私自身、この掃除を経験したことで、いろいろな心の変化があったと思います。音楽学校に入学するまでは、両親と一緒の生活で食事の支度も掃除も全部が母まかせ。たまに、「掃除をしなさい」と言われても、自分の持ち物や部屋の一部をちょっと整頓するくらいでした。

それが、予科生になったとたんに、「毎日が年末の大掃除」状態です。最初はやり方にも慣れてませんし、1時間半でも全然時間が足りず、泣きそうになりました。

でも、だんだん、コツをつかんで、手早くできるようになっていきます。

こうなると、今度は「もっときれいにしたい」「学校中で、玄関をいちばんきれいにしたい」と愛着も湧《わ》いてきます。

こうして、自分の持ち場に対する思い入れが強くなると、自然にほかの場所を掃除している人の気持ちもわかってきます。

ときには、前日のレッスンの疲れが残り、朝起きるのがつらい日もありました。そんなときは正直「やりたくないな」とグチのひとつも出る思いです。でも、サボることなど許されるはずもなく、重い身体を引きずって朝の掃除を始めると、なぜか身体も心も軽くなりました。

いまでも、劇場の楽屋はもちろんですが、レストランやホテルの化粧室もきれいに使おう、といつも思います。

最近は掃除がブームになっていると聞きました。自分が使う場所、生活する場所が汚ければ、生活自体もいい加減になってしまい、仕事や家事の能率が落ちたり、イライラしやすくなるそうです。

また、泥棒が狙う家というのは、ベランダが汚れているところが多いとか。汚れている場所には悪いことまで寄ってくるのかもしれません。


入学前は、自分の部屋の掃除ですら、ほとんど母まかせだった私ですが、この伝統の掃除自体をあまりイヤだと思わなかったのは、グチを言う余裕すらなかったからかもしれません。

きれいにするにはどうしたらいいのか、もっと能率よくやるにはどうしたらいいのか、汚れは残っていないか、見落としはないか……。そんなことで頭の中はいっぱいでした。

外の方に「なんでそこまで掃除するの？」と聞かれたこともありましたが、「なぜ？」なんて思う余裕さえなかったのだと思います。

それよりも、私はこの掃除の経験のおかげで、どんな逆境でも「この経験が自分を磨くんだ」と思えるようになりました。

でも、ときにはグチだって言います。

私はグチの全部が悪いとは思いません。言いたくなるときだってあります。

でも、いつまでも言い続けているのは問題です。それが原因で、人間関係が悪くなってしまうかもしれません。

「ちょっとごめん、聞いて」と、一時的に信頼できる親友や家族にぶちまけて、あとはスッキリ。口に出すことで解決するときもあります。そして気持ちを切り替えて、前に進むことだけを考えるようにしています。

みなさんも、もしイヤなことがあったら、そう考えてみてはいかがでしょうか。

それでもモヤモヤしていたら、掃除をおすすめします。

自分の家をまるごときれいに磨き上げるつもりで、玄関、リビング、キッチン、トイレ、寝室、バスルーム、ベランダ、庭……とやってみましょう。

そのうちに、すーっと心が軽くなる瞬間が訪れて、なぜだか自然とイヤなことも忘れるほど、無心になれるから不思議です。

何かイヤなことがあったら、グチを言って周囲の人まで暗くイヤな気持ちにさせてしまうより、まずは自分の心の大掃除です。

気がつけば、おうちも心もピカピカを取り戻しているはずです！

ブスの25箇条

13

他人をうらむ

自分自身はいつもと変わらず、ふつうに過ごしていても、ときには、予期せぬアクシデントが起こることもあります。仕事でも、日常生活でも、ま ま、あることだと思います。

私自身も、宝塚在団中、こんなことがありました。

とある公演中、重要な役どころに就いていた上級生が怪我《けが》をしてしまったのですが、その代役（宝塚では、自分の役のほかに〝もしものとき〟の代役が割り振られます）が、なんと私だったのです。

不謹慎ですが、逃げ出したい、と本気で思ったりしましたが、もう、そんなことは言っていられません。

重要な役どころの、お芝居とショーの出番（2本立ての公演で、出番はたくさんありました）を1日で全部、覚えなくてはなりません。

歌劇団では、代役はお稽古中に前もって発表されます。ですので、本来ならその時点から覚えておくべきなのですが……。

翌日がたまたま休演日だったのは、不幸中の幸いでした。その夜から仲のいい仲間に、ショーのビデオからダンスの振りを起こしてもらい、その間に私は、お芝居のセリフの暗記、暗記、暗記、です。

同期だけではなく、上級生、下級生にも手伝ってもらいながら、それでも「どうしよう、間に合わない、どうしよう、間に合わない……」そんな、声に出してもしかたがない焦《あせ》りばかりが頭の中でぐるぐるして、たった1日で4キロも痩《や》せてしまいました。

代役のお稽古はそれこそ徹夜作業でしたが、自分たちも明日は公演なのに、ずっとつきあってくれたたくさんの仲間たちがいました。

そして本番。お芝居の代役は、歴史上に名高い「坂本龍馬《さかもとりょうま》」でした。

坂本龍馬が持つ、自由な発想、愛嬌《あいきょう》など、一夜漬けの余裕のない私が演じるには、とても難しい役柄でした。

でも、いちばんつらいのは私ではないのです。怪我をされた上級生なのです。

それに、もしかしたら、代役でもこの役を演じたい、と思う人もいたかもしれません。

宝塚は、生徒ひとりひとりが芸を磨き競い合う、競争の世界でもあります。真剣勝負だからこそ、人間のさまざまな感情がぶつかりあって、うれしいこと、楽しいこともたくさんある反面、つらいこと、苦しいこともあります。けれど、たとえば代役のことを、誰かにグチをこぼしたらどうなるでしょう？

仲間は徹夜で助けてくれたでしょうか。

舞台のことだけではなく、日常の生活にも通じることだと思います。

誰かを責めたり、陰口を言ったり、他人をうらんだりしていると、その人の口元がへの字になると何かで読んだことがありますが、あれは、あながちウソではないな、と思います。

「なんか、いつも不機嫌な顔で、人のせいにばっかりしてるな……」

こんなふうに思われたら、やはりイヤなものです。

大人になれば、「不機嫌な顔してるよ」なんて言ってくれる人は、まずいませんから、自分自身で気をつけるしかありません。

人間関係は鏡です。自分を振り返ってみることは大切ですし、必要なことだと思います。

どんなことでも、自分に起こったことは、受け入れる努力をする。

そんな覚悟を持つことが、かえって物事をいい方向へと導いてくれるような気がします。

非があれば、その原因を人のせいにせず、自分にあるのではないかと考えてみる。もしそこで、人に原因があったとしても、人を直すことはとても、とても大変なことです。

けれど、自分を直すのは、自分の心持ちひとつでできることです。

ブスの25箇条

14

責任転嫁がうまい

「舞台は生き物」と、よく言います。

実際、どんなにお稽古を積んで、衣装や小道具やマイクのチェック、その他いろんな準備をぬかりなくしているつもりでも、公演中に思いがけないハプニングやミスなど、もう、しょっちゅうです。

私もある時期、特定の娘役の下級生と組むお芝居に限って、続けてセリフを忘れるというミスをしたことがあります。なぜなのか理由はわかりませんが、相手の顔を見ると忘れてしまうのです。「かしさんは、いつも私と組むときにまちがえる」なんて、かわいくスネられたことを思い出します。

また別の公演では、ピンマイクを早替わりのときに衣装の上に出し忘れてしまい、歌声がマイクに入らなかったこともありました。

そのときお客様には、どうやら音声さんのせいに見えてしまったようで、緞帳《どんちょう》が下りてすぐ、「ゴメンナサイ!」と走って謝りに行きました。

ほかにも、舞台で引っ込む袖をまちがえたり、衣装をまちがえてしまったり、早替わりの最中につけまつ毛が片方だけとれてしまってアイラインで描いて舞台に出た人もいました。


ある程度、経験を積んでいけば、こうしたミスもなんとか機転をきかせて乗り切れるものですが、これが音楽学校予科生ともなれば、そうもいきません。


何度もお伝えしているように、宝塚はとても上下関係の厳しいところです。失敗した内容によっては、その学年全員の連帯責任という決まりもあります。誰かひとりがミスをしたら、同期40人全員で本科生のところへ謝りに行かなくてはならない場合もあります。

責任転嫁どころか、自分がミスしたことをごまかさずに認め、同期生にも先輩にもきちんと謝ることを教育されます。

私はつくづく、舞台も人生も、誰かをフォローしたり、誰かにフォローされたりのくり返しだと思います。

ですから、自分が何か失敗したときは心を込めて「ごめんなさい」「すみませんでした」と相手に伝える。そして、助けてほしいと思ったら「ごめん、助けて！」と、素直に言うようにしています。

そのほうが問題も早く解決し、人としても、かわいげがあるように感じます。

ただ、「自分は悪くない」というスタンスを崩せない人も、中にはいるかもしれません。

根底にあるのは、きっと「怒られたくない」「叱られるなんてかっこ悪い」などという、プライドや、自信のなさではないでしょうか。

しかも、だんだん年齢や立場が上がっていくにつれ、素直に謝ることが難しくなっていきます。上になればなるほど、ミスをしたことによる周囲に与える影響が大きくなるからかもしれません。

ですが、それがかえって人間関係を悪化させ、自分の立場を居心地の悪いものにしていくと感じます。

これは何も、仕事関係においてだけではないと思います。家族や友達など、親しい間柄になればなるほど、素直に「ごめんね」と言えなくなりがちです。

いちばん怖いのは、トラブルやハプニングのごまかしが、さらなるトラブルやハプニングにつながることです。

振り返ってみると、予科生時代の「謝り」の習慣は、何かミスやトラブルが起きたときに、さらに大きなトラブルを防ぐための、大人数の劇団ならではの合理的なルールにつながっていたんだと、時間がたつにつれ感じるようになりました。

また反対に、私が謝られる側になったときは、相手の気持ちをくみとって、許す心の広さを持っていたいと心がけています。

これがもし、謝られる側の態度が高圧的だったとしたら、謝ろうと思っている相手の行動が、そこで止まってしまうかもしれません。

それよりは「あの人だったら素直に話してみよう」という印象を持ってもらえるようになりたいものです。

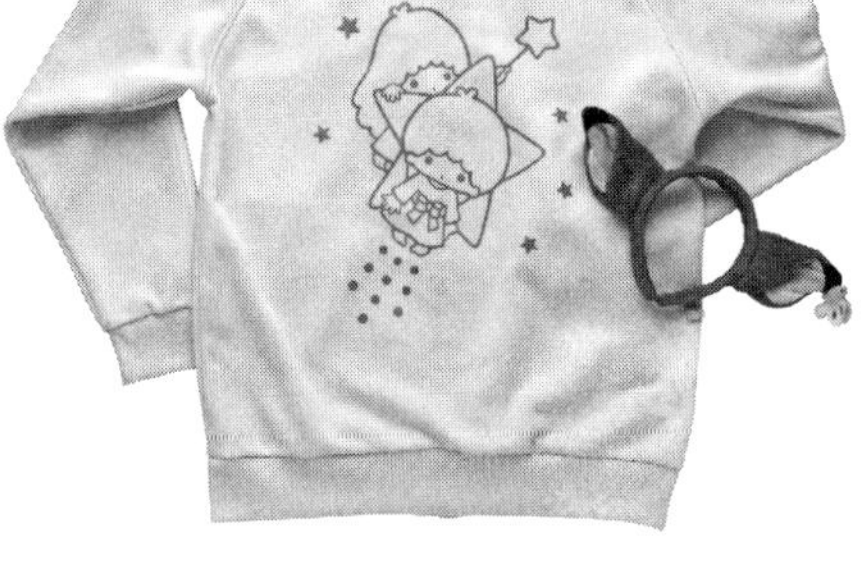

在団中、楽屋で着ていた〝キキララ〟の水色のジャージとバンビのヘアバンド。両方とも、下級生からプレゼントしてもらいました

ブスの25箇条

15 いつも周囲が悪いと思っている

これまでも何度も述べてきましたが、宝塚には厳しい序列がつきものです。まず学年順、その中で成績順。スターであっても、この序列に例外はありません。

学年による序列は、音楽学校入学のときから始まります。

たとえば、私のように中学卒業で音楽学校に入学した人が本科生になると、高校3年を終えてから入学してきた予科生にとっては、2歳も年下ということになります。

しかし、それでも、宝塚では1年でも早く入った人が先輩。この上下関係に変わりはありません。

歌劇団も学校のような制度になっており、団員のことを生徒と呼び（演出家や振付家などは「先生」です）、学年は「研究科一年」を略して「研一」、以下、「研二」「研三」と数を増やして呼びます。

成績については音楽学校だけではなく、歌劇団入団後の研一、研三、研五のときにバレエ、日舞、声楽、演劇などの試験がありました（現在では変わっていますが、私のときは3回のみでした）。最後の試験である研五の成績順は、卒業後もずっと変わりません。

プログラムや生徒年鑑に載る写真の順番はもちろんのこと、楽屋の席順など、すべてに関わってきます。

この試験ですが、所属する組の公演ローテーションによって、ちょうど公演がなくて試験に集中できる状態の人もいれば、当然、舞台と重なってしまう人もいます。

ですが、試験日がいつであっても、そのときに実力が出せなかったとしたら、それは自分の実力不足以外の何ものでもないのです。

私たちはどんなときも、他人とすべてが同じということはありません。生まれた場所もちがえば、育ってきた環境も、ルックスだって全然ちがいます。

ときには、目に見えない運の応援を受けたり、逆にそっぽを向かれてしまうこともあります。

単純に1＋1＝2とはいかず、自分の実力だけではどうにもならないことも、たくさんあるでしょう。

仕事でも毎日の生活でも、自分と誰かを比べてしまったり、誰かに比べられたりして落ち込んでしまうことも、もちろんあります。

それでも、やはり、いつも周囲が悪いと思っていたら、何ひとつ状況はよくならないように思います。

いま置かれている立場を憂いているだけでは、先に進むことはできないからです。

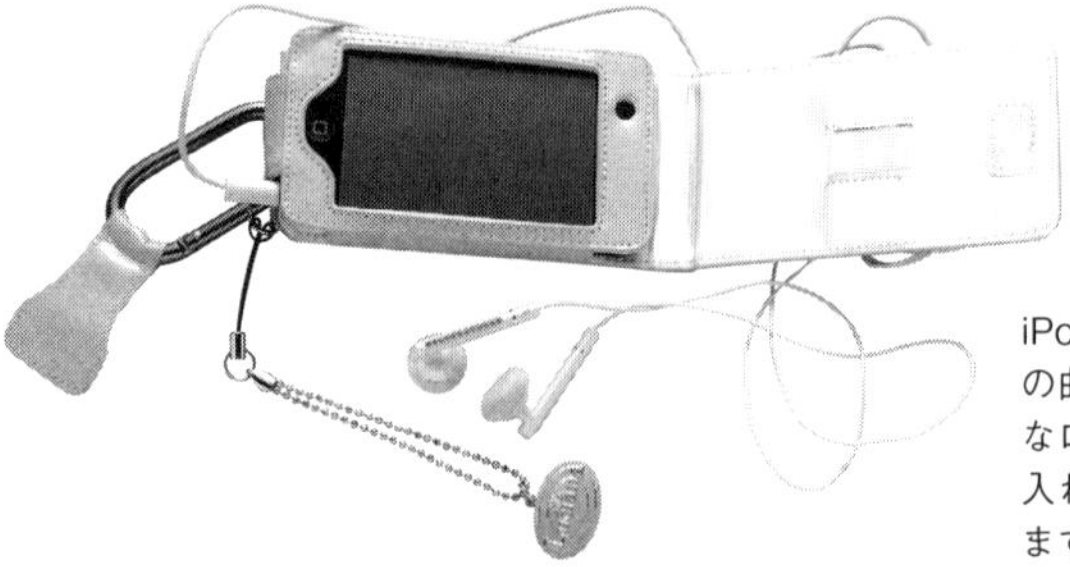

iPodタッチには公演の曲のほか、大好きなロックもたくさん入れて持ち歩いています

だからこそ、他人のことではなく自分に目を向けることが大切なのだと思います。

高名な陶芸家、河井寛次郎《かわいかんじろう》という方の、こんな話を教えてもらったことがあります。

その方の家に泥棒が入ったのです。魂を込めて作り上げた作品がすっかり盗まれてしまいました。

そのとき、「私の作品で人に罪をつくらせてしまって、申し訳ないことです」。そう仰ったそうです。そんな方の作品が素晴らしくないわけがありません。

このお話を聞いて、そういうふうに、すっと思える人になりたいと思いました。

生きるというのは、キャッチボールです。おかげさまで、お互いさまで、という気持ちが必要なのだと思います。

ブスの25箇条

16

他人にシットする

私がまだ、下級生のころのことです。

宝塚バウホールという小劇場と、全国ツアー公演と、所属する雪組のほとんどの生徒がどちらかに出演する公演ローテーションが組まれたとき、そのどちらにも出演することができなかったことがありました。

約80人が所属していた組の中で、出演できなかったのは私も含めごく数人です。これは、歌劇団に入って最初の、相当なショックを受けた出来事でした。

お稽古と公演期間中の約1ヵ月半がオフの状態です。そのとき、私は出演できる仲間にシットしました。仲間がお稽古や公演に励んでいる間、私には何もないのです。

でも、ただ家で落ち込んでいても、何も変わらないことに気がつきました。落ち込んでいる時間がもったいない。そんな時間があるなら、ほかにやるべきことがあるのではないかと考えました。

そして、その1ヵ月半を、できる限りダンスや歌のレッスンにあてることにしました。

公演に出演できないことを知ったとき、それが自分の力の至らなかったせいだとは内心はわかっていても、現実はやはり悲しく、悔しいものです。

私も出演したかった、という気持ちがほんとうのところですし、プロの舞台人として、これがよい経験だったと単純に解釈することはできません。

けれど、この経験から、悲しさや悔しさをバネにして、自分を向上させるため、自分の弱いところが何か、把握しておくことの必要性を強く感じるようにもなりました。

たとえば、私はセリフを覚えるのが早いほうではありません。自分ではイヤというほどよくわかっているので、お稽古の前夜、どんなに眠くても、セリフを覚える作業をします。

眠いからと寝てしまえば、翌日困るのは自分なので、時間がかかってもとにかく納得するまで練習しないと気がすまないのです。

でも、私のやり方が、すべての人にベストとは限りません。

たとえば、仕事以外でも、スポーツや習いごとなど、長時間練習したり、勉強したりするのが苦手で続かないと思うタイプの人なら、集中力を持って短時間でマスターできるように自分をもっていけばいいわけです。

また、自分は本番に弱いなと思ったら、誰よりも練習時間を増やして、それを自分の自信につなげていけばいいと考えています。

誰にでも、得意・不得意はあります。それも、人さまざま。だから、自分がどんなタイプかを見極《みきわ》めて、自分なりの方法でアプローチすればいいのだと思います。

大切なのは、続けられる方法を見つけることです。

どんな計画も目標も、すぐやめてしまったり、途中で投げ出してしまったら、それまでにかけた時間がもったいないと思います。

続けてみて、もしも、自分の理想と現実がちょっとかけ離れているな、と感じるときは、理想とする人をうらやましいと思うだけではなく、私もあんなふうになりたい、と、その人のいいところを真似してみてはどうでしょうか。

舞台ではよく「芸を盗む」といいますが、人のいいところを取り入れて、ただ真似をすることから始め、そのうち自分なりの方法にアレンジしていければいいのではないかと思います。

他人にシットするとき、ほんとうは、きっとその相手のいいところや、自分にはない魅力的なところに気づいたときだと思います。

そして、それを自分もほしいと思う。でも、それを手に入れることが、その時点の自分ではできないというもどかしさからだと思います。

2003年６月宝塚バウホール公演『アメリカン・パイ』グラン・パ役で出合ったギター。生演奏のために、一生懸命お稽古をしてすっかり好きになりました。いまでもときどき弾いています

それを解消するには、やはり自分を変えることしかないのです。

自分を変える方法は、そんなに難しいことではなくても、いろいろあります。

たとえば、新しいお稽古ごとを始めてみたり、人と接する機会を増やすとか、手っ取り早い方法としては、メイクやヘアスタイルを変えてみるだけでも、自分を変えることにつながるかもしれません。

「過去に一度もやってみなかった」ことの中にこそ、新しい自分がひそんでいるのかもしれません。「似合わないかも」と思うものこそ、積極的に挑戦してみる価値ありです。

こうして、他人に向けていた目を自分自身に戻してみれば、どんどん新しい発見ができるはずです。

どうせ比べるなら、他人ではなく、いまの自分と昔の自分にしてみましょう。

第4章

一緒にいると幸せになる、それが美人です

17 他人につくさない

私たちは、この世に誕生してからずっと、誰かと関わって生きています。その初めの一歩は、社会のベースである家庭で、家族との関わりから始まります。

特に子どものうちは両親から愛情を注がれ、つくされて大きくなっていきます。ご飯を食べるのも、洋服を着替えるのも、遊ぶのも、それこそ朝起きてから夜寝るまでのいっさいの面倒を、お父さんやお母さんがみてくれます。

こうして、私たちは人からつくされることを、身をもって学ぶのかもしれません。そして、幼稚園や小学校、中学校……と、友達やいろいろな人たちとの関わりの中でたくさんの経験を増やしていきます。

宝塚時代も、学校や劇団の生活の中で、常に他人との関わりを意識してきました。

「自分のことは自分でする」というのが基本ですが、たとえば、舞台で出番の少ない下級生は、上級生のお手伝いをしながら勉強していくという慣習があります。台本を配ったり、小道具を手渡したり、着替えの衣装を並べるなどです。

台本を上級生順に配るとき、相手が手にとってすぐ読み始められるように、タイトルが逆にならないようにします。

上級生の方が椅子に座った状態であるなら、目上の人を上から見下ろすことがないよう膝《ひざ》をついて渡す、など気をつけます。

小道具はあらかじめ上手と下手へ分けておき、舞台で使用する刀などは持ち手を差し出す。早替わりも、短いときは1分もありませんから、ズボンであれば脚を2本並べるように置いてすぐに穿《は》ける状態にしておく。さらに、靴も履《は》きやすい向きに並べてスタンバイしておく……。

このように、台本なり小道具なり衣装なり、使う人の身になって、どのようにしたらいちばん気持ちよく使いやすい状態であるかを考えて用意をします。

さらに私は、出番が終わった上級生が舞台袖に戻ってきたとき、汗が拭《ふ》けるようにとティッシュを畳んで並べておいたり、喉《のど》が渇《かわ》いていそうだったら水を渡すなど、それが全部正しかったかどうかはわかりませんが、とにかく考えつくだけのことはやってみました。


常に相手を思って何かをするということ、他人につくすという行為について、なぜここで改めて考える必要があるのかというと、社会はチームワークで成り立っているからです。

舞台は、たとえそれがひとり芝居であったとしても、お衣装さん、大道具さん、照明さん、劇場やチケットの管理をしてくれる人など、たくさんの方々の支えがなければ成り立ちません。

それと同じように、仕事でも、また家庭でも、ひとりで何かを成し遂げることはとても難しいことです。

もし、会社の中で自分の仕事だけをしていればいい、というスタンスでいたら、その人の周囲はなんだか冷たい空気が漂《ただよ》いそうです。

「これはビジネスだから、人の面倒をみたり手伝いはしない」なんて、いつも個人プレーをしていたら、自分が忙しくなったときに誰も助けてはくれないでしょう。

基本的に、自分がされてうれしいときは、相手もうれしいのではないかと私は感じています。

人のために何かをしたり、つくしていると、相手の喜ぶ顔やちょっとしたお礼の言葉によって、とても幸せな気持ちになれるからです。

「つくしたくない」という他人の気持ちを変えることはできないけれど、自分の気持ちはいますぐにでも変えられます。

自分の得にならない、自分の時間がもったいない、なんて考えていたら、毎日の生活が殺伐《さつばつ》としてしまうような気がしますし、それこそ人生で幸せをつかみ損ねてしまうかもしれません。損得より、善意に基準を置いて過ごしたいものです。

私たちは気づかないうちに、誰かの助けを借りて生きています。私自身未熟で、仲間や友達、家族など、親しい人であればあるほど、ちょっとした気遣いや感謝の気持ちを伝えることを、あとまわしにしてしまうことが多く、反省しきりです。

人の輪の中で楽しく生きていくためにも、心に思いやりという潤《うるお》いを与え続けることは、人間として決して忘れたくないことです。

人生は長く、いつも順風満帆《じゅんぷうまんぱん》なときばかりではありません。けれど、思い上がることなく、自分のことを思うように相手のことも考えられる人は、とても魅力的です。

「つくされるよりつくすように、与えられるよりは与えることを喜べるように」を目標にしていきたいものです。

ディナーショーなど、いろいろな機会で歌わせていただいている、さだまさしさんの曲「奇跡」です。歌詞に込められている想いが自分と重なり、聴くと心が温かくなります。

ブスの25箇条

18

他人を信じない

これは、むやみやたらに誰でも信じることが「美しい」こと、というわけではないと思います。誰かと「信頼関係を築く」ための努力の過程とその結果が「美しい」というのではないでしょうか。

会社でも、近所づきあいでも、家族でも友人でも、「信頼していたのに裏切られた」と思うことがあったなら、その人と自分との間にいままでどんな「心」のやりとりがあっただろうと、振り返ってみることも必要かもしれません。

たとえば、仕事上のことで何かを相談したら、その人だけに打ち明けたつもりが、翌日には同じ部署全員に広まっていた。

ずっとふたりでランチを食べていたのに、自分だけに海外出張の話や、提出していた企画書が採用されたなどの話があって、その後なんとなく向こうから話しかけてこなくなり、ランチも別々に食べるようになった、など……。


宝塚も競争社会ですから、たとえば誰々には役がついたけどあの子にはつかなかった、などと、人間関係に微妙な空気が漂ったりすることがあります。

昨日まで仲がよかった人に、突然自分が「存在しない」かのような扱いを受けたりしたら、いくら、厳しい競争社会にいるとはいっても、さすがにダメージを受け、落ち込みます。

私も、かつては仕事上の人間関係での微妙な感情に疲れ、投げやりな気持ちになったことがありました。

ですが、そんな気持ちで仕事場に行っても、毎日が憂鬱《ゆううつ》で、気分はイライラするし、何をしても聞いても全然楽しくなく、誰かのちょっとした会話の言葉尻まで気になるようになり、いつもピリピリしていました。誰を見ても「この人は私のことを悪く言っているんじゃないか」と疑心暗鬼《ぎしんあんき》になってしまったり。

一度こうなってしまうと、とめどなくマイナスの感情が押し寄せてくるものです。

そうして、もう傷つきたくない、誰も信用しない、と心を閉ざして過ごしているうちに、仕事以外の話もできる人、くったくなくふざけたり、くつろいで食事に出かけたりできる人がいなくなっていました。そして「誰も信用しないことは、誰からも信用されないこと」なんだと、気がつきました。

私は、友達づきあいはどちらかというと、「狭く深く」のタイプですが、自分の弱い部分も変な部分（?）も、全部包み隠さず見せられる友達がいま、いることは幸せなことだと思います。

「誰かを裏切るより、裏切られたほうがいい」

私が受けた心の痛みや悲しみは、私を深くしてくれました。

痛みや悲しみは、ほかの人に回すことなく、傷ついている人がいたら、一緒に痛みを分かち合える自分でいたいです。


宝塚で過ごした15年間の中で、退団を決意するときが、いちばんつらく苦しい時期だったかもしれません。

たくさんの思いをすべて背負った退団公演で、信頼し、支えてくれる組のみんなの気持ちや、お客様の温かい拍手をいただくうちに、ある思いがふっと浮かんできました。

〝私は、もっと強くならなくては〟

誰かの心の痛みや悲しみを理解できる人は、きっと、いろんな痛みや悲しみを乗り越えてきている人だと思います。

自分に起きた問題から逃げるのではなく、きちんと受け止めて自分の中で昇華させる。

他人を信じることで、自分の信用も得られるのではないでしょうか。

退団公演となった宙組公演『維新回天・竜馬伝！』の台本。これを見ていると、楽しかった稽古場のことが思い出されます。

ときには、言いにくいことも、信頼関係がしっかりとしていれば、きちんと伝えることもできると思います。

「あの人に言われたら、納得できるな」と思ってもらえるだけの自分でいたいものです。

退団公演のために仲間から贈られたメイクボックス。いまでも自宅で使っています

ブスの25箇条

19

謙虚さがなくゴウマンである

舞台と人生は似ていると思うことがよくあります。その理由はいろいろですが、いちばん強く感じるのは「人に支えられている」という点です。

私は入団6年目のとき、初めて新人公演で主演をすることになりました。宝塚の新人公演とは、そのとき上演している公演と同じ演目を、宝塚大劇場と東京宝塚劇場でそれぞれ1回ずつ、入団7年目までの生徒で演じるというものです。

まだ本公演で大きな役がつくことの少ない新人

いつも持ち歩いている〝マイ箸〟。あまり難しく考えず、楽しくできるエコです。続けられるように〝思わず持ち歩きたくなる〟ことをポイントに選んで買いました

にとっては、このうえない勉強の機会です。

その主演ということは、当時の雪組トップスターであった高嶺《たかね》ふぶきさんと同じ役を演じるということ。あの大きな舞台で、たったひとりでスポットライトを浴びることなど、新人公演を卒業したら次はいつ、というより、あるかどうかもわかりません。新人にとっては最高のチャンスの場です。

ですが私は、うれしい、というより、まさか自分が？　なぜ？？　という驚きのほうが先でした。

そして、急激に不安が襲ってきます。どうしよう……。

けれど、そんな感情は早くぬぐい去ろうと決意しました。

主演はたったひとり。主演をしたいと思っていた人がほかにもいる。弱音を吐いている時間があるなら「やらなければ」と思いました。

そして同時に、私の初主演をしっかりフォローしようという、心強い応援をくださる人たちの存在にも気づきました。

慣れない主演の私が演じやすいようにと助けてくれた上級生、お稽古だけでなく早替わりの手伝いなど一生懸命手伝ってくれた下級生、そして、見守ってくださるファンの方々。

また、オーケストラや照明、大道具、小道具、衣装などの各スタッフさんたち。公演を行う生徒も真剣勝負ですが、舞台を支えるプロフェッショナルな仕事に、私も大きな刺激を受けました。

かつて客席で、また入団してからも、舞台袖から見て憧《あこが》れていたスポットライト。そのライトも、主演だから当ててもらって当然、ではないのです。

舞台だけではなく、私たちが生きていく中で、何ひとつ、やってもらってあたりまえのことなどないと思います。

たとえば、レストランで食事をしたら、「ごちそうさま」だけは必ず伝えるようにしています。お金を払っているのだから食べてあたりまえ、と思うのは、とても悲しいことです。

また小さいころ、お母さんに髪をゴムでしばってもらうときにイヤがってしまった記憶、ある方もいらっしゃるかもしれません。お母さんは「はいはい、まったくこの子は……」なんて言いながらも、やってくれたりするものです。

この子どもの例ではないですが、特に年齢が若いときというのは、失敗経験も少なく、精神的に未熟なぶん、ちょっとワガママでゴウマンになりがちです。

何でも自分ひとりでやっているような気分になったり、あれこれ世話をやかれてチヤホヤされることが当然に思えてしまったりするものです。

そして、だんだん成長して大人になり、世間からもある程度認めてもらえるようになったとき、そう!!　そのときこそ、要注意!!

というのは、まわりが注意してくれなくなるからです。

それは、ほんとうに怖いことです。

「謙虚さがなくゴウマンである」というこの項目、私はちがう、私に限ってそんなことはない、と思うのが、いちばん危険かもしれません。

周囲からゴウマンだと思われているときに、本人はそのことを自覚できないからゴウマンなのでしょう。

女性なら、やはり美しく歳《とし》を重ねている先輩方に憧れます。

そんな将来をめざして、まずは冷静に、客観的に、ちょっと厳しく、わが身を振り返ることも大切だと思います。

ブスの25箇条

20

人のアドバイスや忠告を受け入れない

人間関係において「難しい」と思うことはたくさんありますが、人にアドバイスや忠告をすることもそのひとつです。

仲のいい友達同士でも気軽に伝えることができない場合もありますし、会社の同僚、特に後輩には気を遣うと思います。

私もこのことは、自分が上級生になってみて初めて気づきました。

正直なところ、人に対して何かを意見するということは、とてもエネルギーを使います。

私には関係ないから、と放っておくほうがずっと簡単ですし、毎日自分のことをこなしていくのが精いっぱいという中で、周囲の人のぶんまで時間を割くことは、案外大変なものです。

さらに、アドバイスした相手との人間関係も、どうなるのかわかりません。

こちらはよかれと思って伝えたことも、相手にとって耳が痛い内容であれば、そのために反感を買ったり意地悪だと思われたり、挙げ句のはてに陰で文句を言われるかもしれません。

誰しも、やはり自分はかわいいものです。そんなリスクを負うことは、できれば避けたいと思うのがふつうです。

それでも、立場上や相手の将来を思って、伝えたい、という気持ちが出てくるものです。

私がまだ、入団5年目ぐらいのころのことだったと思います。

「明日から、お稽古場にも男役らしく、髪型はリーゼントで来るように」と上級生から言われました。

こう、文字で書くと大事件には思えないかもしれませんが、言われた瞬間、頭がクラクラ……途方に暮れました。

舞台化粧もしていない、衣装もつけていない状態でリーゼントなどしたことがなかったのはもちろん、これが上級生のスターさんで、リーゼントにロングコートを着て、サングラスをかけて車からバーン！と颯爽《さつそう》と降りてきたらカッコいいかもしれませんが、宝塚大橋《おおはし》をジーパン姿で自転車通勤していた私がリーゼントなんて……。頭だけ七五三みたいで全然カッコよくない……。

家で整髪料をつけてバリバリに固めてみましたが、あー、今日、お稽古行きたくない……。恥ずかしいよう……。そんな思いに捕らわれて、ドアを開けて外に出るまでに相当な時間がかかりました（退団後、15年ぶりにスカートを穿《は》いて外出したときぐらい時間がかかりました）。

案の定、事情を知らない同期が稽古場で私を見て「どうしたの？」と目を白黒させていました。そして、大笑いされました……。

音楽学校時代から毎日渡った、街のシンボル「宝塚大橋」。橋の向こう岸（写真左奥）に見えるのが宝塚大劇場

それにもめげず、毎日リーゼントで通いました。

でも、人は慣れるもので、3日目くらいには宝塚大橋をリーゼントで自転車通勤しても平気になっていました。

逆に、男役なんだから、みんなもこのくらいしなきゃダメだよ、と自画自賛する気持ちも出てきて。

初めは、私が恥ずかしがっていたことも、少し、いい気に（!?）なってきたことも、すべて、上級生はお見通しだったのだと思います。

「明日から、もういいよ。かしげの気合を感じた」と言われたのは、3日目の帰りでした。

あのときはただ恥ずかしいばかりだったけれど、まだ下級生で、きっと女の子っぽかった私に、稽古場から男役として意識してほしいという親心だったのだと思います。

これは、いまでも私が感謝している上級生のアドバイスです。

私が反対に、上級生になったときの話です。

宝塚の舞台化粧は、2階席後方のお客様からも顔がはっきりとわかることを前提とした、特殊なものです。下級生のころは慣れていないため、最初はどうしても時間がかかり、上手にできません。

あるとき、苦戦している下級生を見かけました。アイラインが曲がっていたり、バランスも悪かったので「そこはこうしたほうがいいんじゃない？」と、アドバイスすると「はい、わかりました」という返事です。

休憩が終わったときに、もう一度その下級生を見ると、まったく直している様子がありません。「あれ、どうしたの？」と聞くと「私は後ろのほうにいるので、あまり見えないし……」。

そう言われたとたん、私は愕然《がくぜん》としました。そして、悩んだ末、そんな考えではお客様に失礼だということを、厳しく伝えました。

伝えるか、伝えないかの葛藤《かっとう》を乗り越え、最後に「やはり伝えよう」と思う判断材料になるのは、相手に対しての愛情の有無ではないでしょうか。

だから、言いにくいことや、アドバイスをしてくれた人の言葉は、やはり、いったん受け止めるべきだと思うのです。

私も、「あのとき、あのアドバイスを聞いておけばよかった」と、後悔することもあります。

自分のことというのは、誰よりも自分がわかっていると思いがちですが、実はわからないことだらけです。

舞台でも、自分では「今日はいい調子！」と思っても、演出家の先生からすると「力が入りすぎてダメだ。もっと楽しんでやれ」なんてダメ出しをされることもあります。こんなとき、おおかた正しいのは客観的な視点に基づいて見ているほうなのでしょう。

また、ときには自分が何日間も悩み続けていることに、たったひと言で解決するようなアドバイスをもらえることもあります。自分のことはわからないけど、人のことならよくわかるというのは、みなさんも思い当たる節《ふし》がありませんか。

どんなときも、自分に対してアドバイスや忠告をしてくれる人がいるということは、とても幸せなことだと思います。

私はもし、ちょっとそれはちがうかな、と思うアドバイスや忠告を受けたとしても、聞く耳だけは持つようにしたいと思っています。

よく検討して、その意見を取り入れるかどうかの最終判断は自分で下せばいいのです。

それよりも、聞く耳を持たなかったことで、自分をステップアップさせる鍵《かぎ》になるかもしれない意見をキャッチできないことのほうが、もったいないことではないでしょうか。

第5章　強い想いが美人をつくります

ブスの25箇条

21

なんでもないことにキズつく

宝塚音楽学校に入学した私に待ち受けていたのは、いままで過ごしてきた生活とは180度ちがう、規律第一の暮らしでした。

これまでもくり返しお話ししてきたように、あいさつや掃除の仕方、バレエや歌などの学校での授業だけではなく、放課後も個人レッスンなどをしながら、いかに、自分がタカラジェンヌになるために求められていることが足りていないかを、イヤというほど思い知らされました。

何か注意を受けたときなど、言い訳をしたいこともありましたが、すぐに「申し訳ありません」「すみませんでした」と謝る以外の選択肢はないのです。

もっとも、自分だけではなく、同期生も同じようなことで注意をされていましたし、それがあたりまえの生活の中で、みんなで励ましあって過ごしてきましたので、ひとりで萎縮《いしゅく》するようなことがなかったのが幸いでした。

また、覚えることややるべきことがたくさんあり、細かいことにキズついているヒマがなかったのも正直なところです。

思えば、この経験こそが、確実に私を打たれ強くしてくれたと思います。


宝塚は確かに厳しいところですが、目的は「清く、正しく、美しく」の宝塚のモットーに恥じぬ、一社会人としての作法や振る舞《ふま》いを覚えたり、プロとして必要な舞台の技能を磨くためのものです。

上手にできるようになると、いつもは顔をしかめている先生も少し頬をゆるめて褒めてくださいましたし、怖い本科生がさりげなく努力を認めてくれたときなどは、やってきてよかった、という充実感でいっぱいになります。

自分もがんばればできる、ということを、私の中にしっかりと植えつけてくれました。

もしかしたら、「なんでもないことにキズつく」というのは、子どものころからあまり叱られた経験がないということなのかもしれません。

少しでも注意を受けたり、指摘されると「私はもうダメなんだ……」と、過剰に反応してしまうのではないでしょうか。

本来だったら「すみません、今後は気をつけます」と、気持ちを次へ切り替えていくところを、キズついた思いがその場に留《とど》まってしまうのでしょう。

「叱られた」という事実だけにしばられて、ほんとうは自分のためになるアドバイスを聞き逃してしまうなんて、その人の人生にとって、何の得にもならないと私は思います。「叱られるのはあたりまえ」という気持ちでいたほうが、力まず楽に生きられると思います。

「叱られちゃったけど、次は同じ失敗はしないように気をつけよう」と反省し、自分を許して、相手の言葉をアドバイスだったと受け止めることで、キズつくのではなく明日へ向かう力や自信にしていけると思います。

叱られたくないと硬くなっていれば、少しの衝撃でポキンと折れてしまうものです。

叱られ上手になることは、生きていくうえで役立つ技ですし、必要以上にキズつかないコツかもしれません。


ですが、そう頭ではわかっていても、私もときどき、自分の痛い部分をぐさりと突かれて、立ち上がれなくなったり、腹を立てたりすることもあります。

また、人からは何でもないことのように思えても、自分にとってはキズつくこと、ということもあります。

そんなとき私は、ほんとうにキズつくようなことなのかを、一度立ち止まって、じっくりと考えてみます。

それでも解決しない場合、仲のいい友達に電話をして相談します。すると友達は「あ、そうなんだ」と軽く受け流してくれたり、真剣に話を聞いてくれたりします。

「そうじゃないでしょー」とか「だから、こうで、ああで……」などと返しながら、直接関係のない話でも、あれこれ話しているうちに、電話を切るころには心がすーっと軽くなっています。

こういうときは、話を聞いてもらって解決策がほしいというよりも、自分の中にたまってしまった心のキズや痛みを吐き出せたかどうかが、きっと大切なのです。注意を受けてキズついたことは、結局、自分で解決するのがいちばんだからです。

電話ができないときにはメールもします。でも、文字を打っているうちに気持ちが落ち着いてきて、結局送らないこともあります。

想いを言葉にすることは、気持ちのクールダウンになるのかもしれません。

自分なりのストレス解消法を見つけておくことは、自分の心を守る意味でも必要です。

長い人生、ときにはキズつくこともあるけれど、いつも自分ひとりがつら

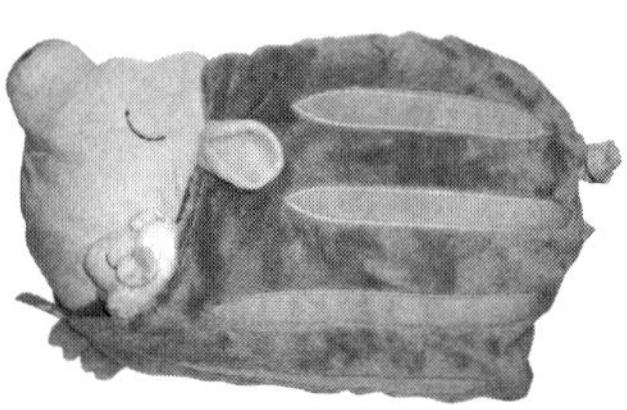
在団中から使っている癒しグッズ。枕元にいつも置いて眠っています

いわけではありませんし、「私って、なんてかわいそうなの」と思っている姿は、きっと他人から見てもあまり美しくないと思います。

つらいことも（もちろんうれしいことも!!）すべて自分に必要なこと、自分の栄養になること。

いろんな経験を前向きに受け止めて、強くしなやかな心でいたいなと思っています。

ブスの25箇条

22

悲観的に物事を考える

「人生は山あり、谷あり」とは、ほんとうによく言ったものです。つらいことがあるから、楽しいこともあるものですが、つらいこと、つまり「人生の谷」にはまってしまったときは、そこから脱する突破口《とっぱこう》が見えなくなりがちです。

私も以前、この「谷」にどっぷりとはまってしまったことがありました。その当時は、たぶん私の宝塚人生でも一、二を争うぐらいの忙しい日々が続いていたときでした。

公演中も、終演後の夜にお稽古をすることはよくありますが、正直、それでも追いつかないような、「毎日が綱渡《つなわた》り」が常態化していたある日のことです。

深夜、自宅へ戻り、ひと息ついたときに「この生活を乗り越えた先に、いったい何があるんだろう？」という思いがふと、浮かんできました。

ふだんの私からは想像できないほど悲観的になっていました。

自分の考え方がマイナスに陥っていくと、さらに悪いことを呼び込んでしまうものなのでしょう。イヤなことが次々に起こってきて、最後には「なんで私ばっかりこんな目に……」と、どん底まで落ちた気分になっていました。

宝塚を辞めよう。

そのとき何度、この思いが頭の中を駆けめぐったかわかりません。

でも、一方でほんとうに辞めたいのか、自分の心を見つけられていない状態が続きました。実際に行動を起こす勇気もなく、単に現状から逃げたい一心で、こんなことを考えていたのだと思います。

笑うことも、怒ることも、泣くこともできなくなって、誰にも相談することができずに、ただひとり心の中で悲観的な言葉を堂々めぐりさせるしかありませんでした。

そんなとき、一本の電話がありました。それは、すでに宝塚を退団していた姉からの電話でした。

年齢も近い姉は、子どものころから私のいちばんの親友であり、理解者でもありました。宝塚音楽学校でも、1年先に入学して本科生だった姉が、常に私の一歩前を歩き続けていて、そこにいてくれるだけで絶対的な安心感がある大切な姉です。

私は、1995年の阪神・淡路大震災も経験していますが、このときもそばにいてくれた姉にどんなに助けられたことでしょう。

その姉が、ふだん、私にわざわざ電話をかけてくるなんて、ほとんどありません。「元気?」と話しかけてくれる懐かしい声に、「うーん、あんまり元気じゃないんだよね」と曖昧《あいまい》な返事をしながら、最近起こったことなどを少し話していたと思います。

　すると突然、こう言ってくれました。

「世界中のみんなが敵になっても、私は味方だからね」

　この言葉を聞いたとたん涙があふれてきて、私の心の中に山のようにたまっていた固い岩のようなものが、いっきに崩れ、すごく心が軽くなった思いがしました。

　特別何か深刻な話をしたわけではないのに。でも、姉にはわかっていたのでしょう。

　もちろん、姉もものすごく深い意味を込めて言ったわけではないと思います。でも、そのたったひと言が、どんなにそのときの私にとってうれしかったか。人間ってそういうものなのかもしれません。

　そうか、私はひとりじゃないんだ。私のことなんて誰もわからないと思い込んでいただけなのだと思うことができました。

いつも応援してくれる大好きな姉（元星組の都《つ》々《づ》城《しろ》あい。1997年退団）と、私の退団公演千秋楽の楽屋にて。2007年２月

悩んでいたことは、私にとっては大変なこと。けれど、気持ちを切り替え、状況がいますぐ変わることはなくても、それはそれでしっかり受け止めようと思いました。

実際には、このとき抱えていた問題はすぐに解決せず、しばらく時間がかかりましたが、逃げずに受け止めることで、自分なりによい選択ができたと思います。

気持ちの持ち方ひとつでものの見え方が変わり、困難に立ち向かう新たなパワーも湧《わ》いてくるものです。

悪い思い込みにしばられていると、自分のまわりに明るい種をまくことなどできないでしょう。

ほんとうはすぐそこに出口があるのに、「出口はどこ？　出口はどこ？」と焦《あせ》って道に迷っているようなものかもしれません。

自分が背負っていた荷物が重ければ、少しの間、横に置いて休んでもいいのではないでしょうか。

そして、まわりを冷静にゆっくりと見回してみてください。

家族や友達、恋人、先輩、後輩……。特別何かをしてくれなくても、そこにいてくれるだけで安心できる人がいるはずです。

23

問題意識を持っていない

舞台では、作品により時代も年齢もちがう人物を演じます。そして宝塚では、男役なら、さらに性別も超えるわけです。たとえばヨーロッパの軍人や幕末の志士、アメリカの青年など、さまざまです。

もちろん会ったことも、話したこともありません。何を思い、何を考え、何を食べて生きていたのかも想像するしかありません。

そんなとき、私たちは自主的に時代背景を調べたり、演じる役柄が実在の人物なら、その人に関する書物に目を通してみた

2007年11月テアトル銀座公演『小原孝ピアノ・シアター"Night & Day" コール・ポーター讃歌』の参考資料CDとDVD

りします。

以前は図書館に行って資料をコピーしたり、本を買ったりしていましたが、現在はインターネットなどですぐに調べることができるので、作業時間もだいぶ短縮できるようになり、とても便利になっています。

このような作業をやるかやらないかは自分が決めることで、特別に誰かから指示されることはありません。

それなのに、みんななぜ、わざわざ調べるかというと、その人物をできる限り知ることで自分を納得させたいからかもしれません。

宝塚では、演じる役が実在した日本人のときは、お墓参りに出かける人がほとんどです。

私の場合は、『ささら笹舟』で明智《あけち》光秀《みつひで》役を演じたときや、『維新回天・竜馬伝！』で坂本龍馬《さかもとりょうま》役を演じたときに、京都や高知へ行きました。

劇団で「ごあいさつ」という形をとって、みんなで行くこ

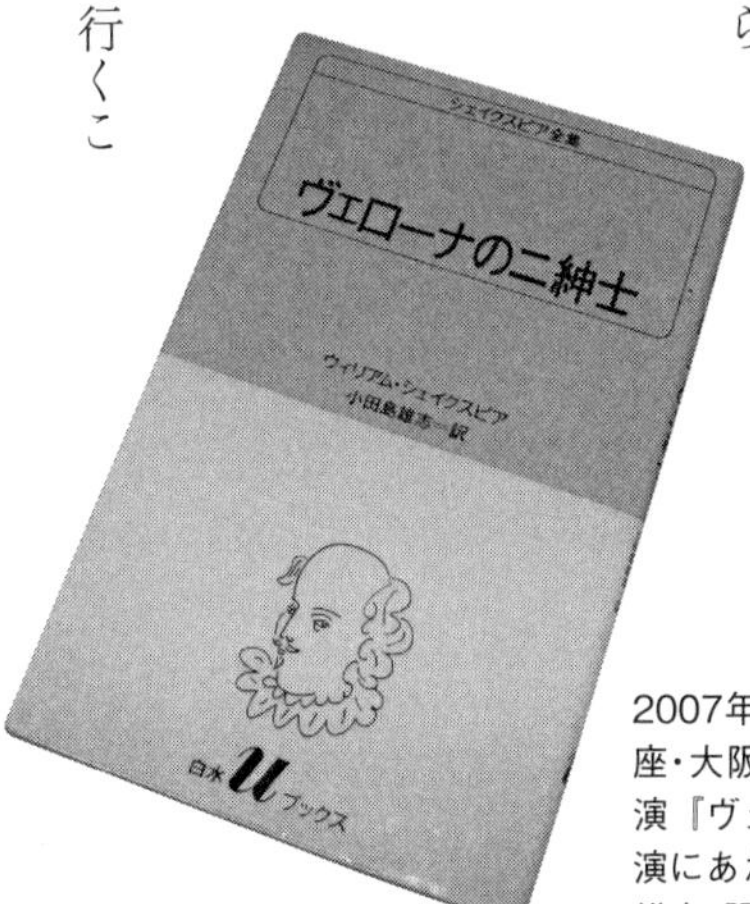

2007年10月東京グローブ座・大阪シアターBRAVA！公演『ヴェローナの二紳士』出演にあたり読んだ本（小田島雄志=訳／白水社）

ともありますが、公演が無事終了したあとにお礼参りをすることはあまりないので、個人的に行くようにしていました。

「演じさせていただきます」、そして「無事に終了いたしました」と2度のお参りをすることは、一種の決意表明のようなもので、なんとなく心が決まって気持ちがいいのです。

どんな人物を演じるにしても、演じるからには自分のものにしたいという想いがあります。

調べていた資料が直接、演じる役につながらなかったとしても、別の形で何かの役に立つかもしれませんし、知識として知っておいて損はありません。

たとえ本の斜め読み程度のことだったとしても、イメージづくりにつながり、調べたことでの自信や安心感になる。結局、全部自分のためになるということです。

どんな仕事でも、慣れることはよいことである反面、やり方に何の疑問も持たなくなっていく、という怖さもあります。

何も考えなくても、決まった作業、決まったやり方、決まった流れ……時間はどんどん過ぎていき、そうしているうちに「もっと成長するにはどうしたらいいのか」「次はこれにチャレンジしてみようか」などの問題意識も、持たなくなってしまうように思います。

ですが、自分自身も、時代も世間も、何ひとつ変わらないものはありません。

たとえば、レストランにしてみても星の数ほどありますが、いつ訪れてもおいしい料理が出てきたり、スタッフから気持ちのいい接客サービスを受けられたり、細かなところまで掃除が行き届いている状態を保ち続けることは大変な努力がいります。

いつも変わらないように見えるサービスの裏には、見えないところで進化を続ける努力が、きっとあるものです。

私はそういったお店に出合うと、プロとしてのプライドに無条件に感動してしまいます。

自信とプライドを持つことは、プロ意識を保つ原動力のように感じます。もしも、仮にいま、自分のやりたい仕事に就けていないとしても、現状を受け入れ、よりよく生きるために改善していくことを考えることが、自分をステップアップさせ、美人に近づく方法かもしれません。

高い意識を持ち続けることで、いつか思いがけないところで自分が助けられたり、自分が思い描く理想の方向に近づいていけるのだと思います。

2008年5月東京芸術劇場公演『玉つき屋の千代さん』出演にあたり読んだ原作（南川泰三=著／ホーム社）

ブスの25箇条

24

存在自体が周囲を暗くする

突然ですが、みなさんが好きな女優さんは、どんな人ですか。

私は、オードリー・ヘップバーンやキャメロン・ディアスが大好きです。オードリーが持つ、愛くるしく優雅なあの笑顔と、世の中にはこんなに美しい人がいるものなのだと感動させられるほどの存在感は、没後15年を経たいまも、少しも輝きを失っていないと思います。

しかし私は、オードリーの輝きとは外見的なことだけでなく、あの生き方があってこそだと思うのです。

戦時下、幼いオードリーが、人々の心をなぐさめるためにバレエを舞ったという、まだ少女ながら意志の強さを感じさせる写真を見たことがあります。また晩年、ユニセフの活動に身を捧げたその信念。同じ女性としても、単純に憧《あこが》れという言葉だけでは語りつくせない魅力があると思います。

キャメロン・ディアスは、やはりあの、くったくのない笑顔とキュートな雰囲気でしょう。映画を観ている側の私までつられて、明るく元気になってしまう。きっと、こんな人と一緒にいたら、周囲もハッピーな気分でいられそうですよね。

人の感情は自分のものだけかというと、そうではありません。周囲の人にも伝染する性質を持っていて、広がっていくものだと思います。

ですから、ふだんからできるだけ自分の心を明るく保っておくことは、人間関係を豊かに育てていくうえで、思っている以上に大切なことだと感じています。

オードリーは私の永遠の憧れ。カードや手紙などのレプリカのほか、幼いオードリーのバレエの写真も収録されている宝物のような本です。『オードリー・ヘップバーン・トレジャーズ』（エレン・アーウィンほか=著／講談社）

このことを特に強く感じるようになったのは、やはり14年間所属していた雪組から宙《そら》組へ組替えし、トップスターになったときです。

組替えというのは、会社でいえば人事異動にあたります。

特に、私はトップとしての異動。そのふたつの重責にとまどい、不安がつのりました。ですが、そんな私を温かく迎えてくれた新しい組の仲間、そして、どんなときも私を見守り支えてくれているファンのみなさん、すべての人のために、何か私にできることはないかと、いつも考えていました。

集団とは不思議なもので、リーダー的な人の色に染まるものです。宝塚も５つの組ごとにそれぞれのカラーがありますし、その色もトップが替わると、また新しい色が塗《ぬ》り重ねられていきます。

各組には、組長と副組長という、組をまとめてくださる方がいらっしゃいますが、やはりトップの影響は大きいものです。異動にもトップ就任にも、もちろん不安はありました。ですが、私が不安がってぴりぴりイライラしていたら、そういう空気は必ず伝染してしまいます。

せっかく明るく迎えてくれた組のみんなが、お稽古に行くのが憂鬱《ゆううつ》になったり、表情も暗くなったりしたら、これは、私の責任です。

温かい笑顔と温かい気持ち、温かい人たちに迎えられて月日は過ぎ、トップお披露目公演でいちばん大きな羽根をつけて宙組生に迎えられたときの、みんなの優しい笑顔。

そして、退団公演千秋楽の、ファンの方々の笑顔。みんな涙でぐちゃぐちゃな笑顔でしたが、あんなにも美しい笑顔はいまでも忘れられません。

私の宝塚人生でのフィナーレは、すべての方々の美しい笑顔で幕を下ろしました。

職場だけに限らず、家庭や友人関係なども同じことで、自分だけではなく、まわりの人が温かい気持ちで過ごせるように保っておけば、外で多少イヤなことがあっても、そこに戻ることで心がふっと楽になるような気がします。

2006年11月、宝塚大劇場でのお披露目公演初日に、宙組のみんなからいただいたキスのパネル

私のように、ひとり暮らしをしているならば、自分が戻る部屋は心が休まるホームグラウンドとして、パワーを充電できる環境に整えておくことも、重要なポイントかもしれません。

私も、ふだんから自分が〝快適〟でいられるように、小さな努力をしています。

たとえば、自宅の部屋はいちばん好きな色である「白」でまとめています。また、片づいていないと落ち着かないタイプなので、たとえ忙しくて引き出しの中は雑然としていても、引き出しを閉じればすっきりした状態にいつもしてあります（ほんとうは、引き出しの中も整頓されているのが理想です……）。

あとは、お気に入りのアロマを薫《た》いて気分をリラックス。これで、家に帰れば仕事で疲れた心も身体も自然と癒されます。

また、仕事に出かける前に、大切にしている招き猫を必ずなでます。これは一種の願掛けのようなもので特別深い意味はないのですが、それをしてから出かけないと何となく落ち着かないのです。

特別なことではなくても、こういう自分だけの心のコントロール法を私は大切にしています。

いいことも悪いことも起こる毎日の中で、どうしたら心のゆれ幅を少なくできるのか、どうしたらいつも明るく楽しい自分でいられるのか。いわば、落ち込んでしまった自分を立て直す、そのためのテクニックです。

自分に何か起きたときに制御《せいぎょ》不能になってしまって、際限《さいげん》なく沈み込んで暗く重い空気を出してしまうことは、できるだけ避けたいと思っています。

落ち込んだときに仕事を休むことができるかといえば、そんなことはありません。仕事に行けば必ず誰かと接します。そこで、どこか元気のない印象を与えてしまったら、まわりに心配をかけてしまうかもしれません。

前日どんなに落ち込んでいても、時間がくれば容赦《ようしゃ》なく太陽がのぼり、必ず朝がやってきます。

わが家の招き猫コレクションの一部。耳より高い位置に上げている前脚が伸びているものが好きで、出合うとついつい、買ってしまいます

問題がすぐに片づかなくても、社会人として、いったん心の引き出しにしまってやるべき仕事に集中する。

そのうちに、気持ちを集中させてがんばった仕事や、まわりの仲間たちに救われて、心の引き出しの中にしまってあったはずの問題が、小さくなっていくのを感じるはずです。

その人がいるだけで、その場がお陽《ひ》さまに干したお布団のように、ホッコリとした気分になる人って素敵です。

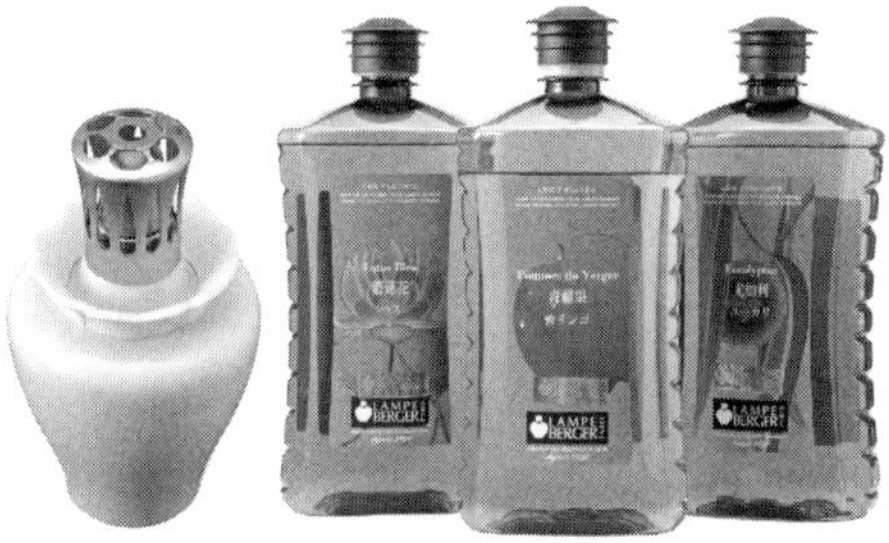

ランプベルジェのアロマオイルと専用アロマランプ。ユーカリ、青リンゴ、ハスなど、その日の気分に合わせて香りを楽しんでいます。私にとって香りはリラックスするための大切なアイテムです

ブスの25箇条

25

人生においても仕事においても意欲がない

みなさんは、自分の人生をどんなふうにしていきたいと思っていますか。

就いている仕事が何であれ、また家庭人であれ、楽しく豊かに過ごしていきたいというのが共通の願いだと思います。

私は、自分がどんな人生を過ごすか、という選択権はいつも自分自身が持っていると思っています。

ですが、実生活での選択権が同じように自分の手元にあるかというと、必ずしもそうではありません。

愛用しているデジタルカメラ。仲間の笑顔だけでなく、自宅で作った料理、旅先の風景など、いろいろな想い出を収めてきました

やりたいことだけをして生活していけるなら、それはとても幸せなことです。

けれど、私も含めほとんどの人の場合は、苦手なことやつらいこと、気が向かないことも、やっていかなければ生活はしていけないと思います。

私は、自分がなりたかったタカラジェンヌになることができました。また、いまも好きな女優の仕事をすることができて、とても恵まれていると感謝しています。

それでも、「この仕事はつらいな」と思うことは、いまも、過去にもたくさんあります。

そして、きっとこの先もあるでしょう。

私は、何か試練だと思うようなことが目の前に起きたとき、「自分は試されている」と感じます。そこが踏ん張りどき、つらいときこそが人生の正念場です。

試練や問題をどう切り抜けるかによって、その後の人生の行く先が決まっていくような気もします。

どうにか踏ん張って乗り越えた経験が自分の中にストックされていくうち、それが自信に変わり、トラブルが起きても笑顔で立ち向かっていくことができるはずです。

いまはまだまだですが、いつかは苦手なこと、つらいことでも楽しめるようになりたいと思っています。それは仕事に対してだけではなく、人生に対しても同じように、いつでも楽しむ術《すべ》を身につけることができれば、幸せに生きていけると思うからです。

心理学によると、人は楽しいことよりも苦しいことのほうに強く反応を示す傾向があるのだそうです。それは、苦しいことを乗り越えようとすることこそが、その人が生きていく力になるからなのだとか。

これは、とても納得できる考え方です。楽しいことは苦労も少ないものですが、苦しいことやつらいことは何らかの対処をしなければ、もっと大変なことになります。

このことは、仕事を早くこなしていくコツとしても応用できると思います。

たとえば、前にもお話ししましたとおり、私はセリフを覚えるのが早くありません。どちらかというと歌のほうが好きなので、つい、好きなものばかり先にお稽古をしたくなってしまいます。

でも、だからこそ、夜更かしをしてでも、セリフを覚えるようにしています。そうすると、翌日の歌のお稽古まで、よりスムーズに運んでいくことに、あるとき気づいたのです。

私にとっては、苦手なことをあとまわしにするほうが効率の悪いやり方だったのですが、同じような体験をお持ちの方もきっといらっしゃると思います。自分のやる気が十分にあるうちに、労力のかかる苦手分野をやっつけてしまうほうが、気持ちにゆとりもできますし、最後までモチベーションを高く保っておけるのではないでしょうか。

また、何かをやり終えたら、自分にプレゼントをするというのもいいかもしれません。ゴールの先にごほうびがあ

お気に入りのクロムハーツのアクセサリー。自分へのごほうびに買いました

ると思うだけで、もうひとがんばりできることもあります。

私も、大きな仕事が終わったあとには、自分へのごほうびとして、気に入ったアクセサリーを買ったり、旅行に行ったりしています。

私の場合、暖かいところが好きなので、南の国が多いのですが、一日中海を見たり散歩をしたり、思う存分リラックスします。これが、明日からの新しい仕事へのエネルギーになるのです。


さて、この本も終わりに近づいてきました。

宝塚でたくさんの方に出会い、もうすぐ100年となる長い歴史の中で上級生から下級生へと受け継がれてきた数々の教えと、厳しくも温かい愛情、かけがえのない友情、そしてどんなときも励まし、応援してくださるファンの方々、たくさんの方に支えられて、いまの私があります。


「可能性が限りなくゼロに近づいても、あきらめない限り、決してゼロにならない」

私の大好きな言葉です。去る２００６年12月、私の退団公演となった宝塚大劇場公演千秋楽のあいさつでも使わせていただきました。

実は、この言葉は宝塚の下級生である親友が私に贈ってくれたものです。彼女が退団するときに、私にくれた本の中に書かれていました。

その本は、最初全ページが真っ白な状態で売られていて、自分の好きな言葉や絵を描き込んだりできるものです。先に退団する親友は私を思い、たくさんの素敵な言葉やイラストでうめてくれました。私の大切な宝物のひとつです。


人生には、無駄な時間は一秒もないと思います。

つらいときも、うれしいことが何もない日も、過ごした時間は、すべて自分の血となり肉となっています。

「意欲」とは、誰かが与えてくれるものでもなく、待っていれば空から降ってくるものでもありません。

自分が何かをやろうと思ったら、どんなに困難な道であっても、歩みが遅いときがあったとしても、立ち止まることなく前に進んでいくことを選んでいきたいと思っています。

この先も続いていく自分の人生を、どんなふうにアレンジするのかは、やはり自分次第です。

最後まであきらめなければ、きっとどこかでチャンスにめぐり合えるはず。

そのときこそが、あなたがあなたらしく輝くときだと思います。

2008年３月、仕事で訪れたマカオにて。これは、市民の憩いの場になっているセナド広場の噴水。この写真では見えないのですが、波形のモザイクタイルが敷き詰められています

見上げたベランダのひとつひとつに、風にゆれる洗濯物。素朴な生活のたたずまいが感じられる、どこか懐かしい風景でした

ペンニャ教会の建つ丘から見た夕日。時が止まったかのような美しい光景でした

おわりに――今日のあなたが明日をつくる

「ブスの25箇条」から紐解《ひもと》いた、宝塚式「美人」講座、いかがでしたでしょうか。

この25の教えは、とてもわかりやすく、しかも的確に、こうなってはいけないという戒《いまし》めを私たちに教えてくれています。

この本では25箇条ですが、みなさまが考える〝美しく生きるための法則〟は、きっと無限にあるでしょう。

今回、本を出すという初めての経験をさせていただきました。私自身まだまだ未熟で、このような内容についてみなさまにお話ができる立場ではないのですが、宝塚時代から現在に至る自分を振り返りながら、何かひとつでも読んでくださった方の心に留まれば、と思いつつ、ペンを執《と》りました。

文中にも書きましたが、〝十人十色〟。10人いれば10通りの考え方がありまず。今回、私なりの「ブスの25箇条」も、別の捉《とら》え方があって当然です。まずはみなさまも、難しく考えすぎずに、〝どんな自分が好きか〟をイメージしてみてください。それだけでも、「美しい人」に一歩近づけるのだと思います。この本が、考え方や捉え方のスタートラインになれば、何よりうれしく思います。

こんなこともあんなことももと、お伝えしたいことが頭の中を駆けめぐるのですが、いざ書き出すとなかなか的確に表現できません。もっといろいろとお話しできることがあるように感じつつも、いまの私にはこれが精いっぱいでした。あとから読み返すと、きっと頬が赤くなるようなこともあると思います。

ですが、今回、たくさんの出来事や想い出、また、女性ならば誰もが願う、〝人として美しく生きたい〟ということを改めて考え、文章にすることで、新しい課題を発見し、自分を見つめ直すいいきっかけを、この本は私に運んでくれました。そして、いまの私と未来の私を大切につないでくれるひとつになりました。

私はこれまで、ほんとうにたくさんの方に支えられ、助けていただき、ここまできたという実感があります。テニスをしていたころは、心身を鍛《きた》えてくれたコーチや仲間、宝塚では大切な同期生や、支え、支えられてきた仲間、そして応援してくれるファンのみなさま、バックアップしてくださるスタッフの方々、そして家族。多くの方の好意や励まし、ときとして、思ってくださるがゆえの叱咤《しった》激励《げきれい》があって、いまの私があります。

そう思うとき、この25箇条のひとつひとつに、実感を伴って納得することができました。

まだまだ発展途上の私ですが、そのとき、そのときの自分を見つめ、柔軟な精神を持ち、楽しみながら日々を積み重ねていこうと、心新たに思っています。

最後に、この本を出版するきっかけをいただき、いろいろご指導いただきました講談社のみなさま、ご協力くださいましたみなさま、ありがとうございました。

この本が産声《うぶごえ》をあげ、こうしてみなさまの手に届けられるまでには、たくさんの方の支えがあり、ほんとうに感謝の気持ちでいっぱいです。

そして、もちろん、いちばんありがとうの言葉を贈りたいのは、この本を手にして読んでくださったみなさまです。

貴城けい

2008年5月

携帯用「ブスの25箇条」チェックリスト

1. 笑顔がない
2. お礼を言わない
3. おいしいと言わない
4. 目が輝いていない
5. 精気がない
6. いつも口がへの字の形をしている
7. 自信がない
8. 希望や信念がない
9. 自分がブスであることを知らない
10. 声が小さくイジケている
11. 自分が最も正しいと信じ込んでいる
12. グチをこぼす
13. 他人をうらむ
14. 責任転嫁がうまい
15. いつも周囲が悪いと思っている
16. 他人にシットする
17. 他人につくさない
18. 他人を信じない
19. 謙虚さがなくゴウマンである
20. 人のアドバイスや忠告を受け入れない
21. なんでもないことにキズつく
22. 悲観的に物事を考える
23. 問題意識を持っていない
24. 存在自体が周囲を暗くする
25. 人生においても仕事においても意欲がない

コピーして手帳などに貼って持ち歩きましょう。
気がついたときにチェックすることが「美人」への近道です。

●貴城けいファンクラブ「Luciana」事務局連絡先
〒150-0001
東京都渋谷区神宮前3-1-24 ソフトタウン青山314
FAX：03-3404-1003
luciana@oscarpro.co.jp
http://www.oscar-land.com/takashiro/index.html

編集協力——清水きよみ
写真（帯、および本文38、43、66、101、
104、121、154、159、160ページ）——菊地敏之
ヘア・メイク——篠田　薫

著者紹介

貴城けい（たかしろ　けい）

女優。元宝塚歌劇団宙組男役トップスター。5月22日生まれ、東京都出身。1992年、第78期生として宝塚歌劇団に入団、雪組に配属。清潔感と気品あふれる正統派男役として、早くから注目を浴びる。1997年、『仮面のロマネスク』で新人公演初主演。2000年、『ささら笹舟』で宝塚バウホール公演初主演。同年、ドイツ・ベルリン公演に参加。2006年の『ベルサイユのばら』ではオスカル役（星組）、役替わりでアンドレ役（雪組）をつとめ話題となった。2006年5月、宙組に組替え。同年7月、宙組男役トップスターに就任。2007年2月に歌劇団を退団、現在は舞台、テレビを中心に活躍中。

宝塚式《たからづかしき》「美人《びじん》」養成講座《ようせいこうざ》
——伝説《でんせつ》の「ブスの25箇条《かじょう》」に学《まな》ぶ「きれい」へのレッスン

2008年5月22日　第1刷発行

著者———貴城《たかしろ》けい

装幀———鈴木成一デザイン室

発行者———野間佐和子

発行所———株式会社 講談社

東京都文京区音羽 2-12-21　〒112-8001
電話　(編集部)03-5395-3530
(販売部)03-5395-3622
(業務部)03-5395-3615

印刷所———慶昌堂印刷株式会社

製本所———島田製本株式会社

本文データ制作———朝日メディアインターナショナル株式会社

定価はカバーに表示してあります。

落丁本・乱丁本は購入書店名を明記のうえ、小社業務部あてにお送りください。
送料小社負担にてお取り替えいたします。
なお、この本についてのお問い合わせは
生活文化第三出版部あてにお願いいたします。
ISBN978-4-06-214718-7